嬉皮

薩滿

遊牧人生

放逐拉了美洲420天

Contents

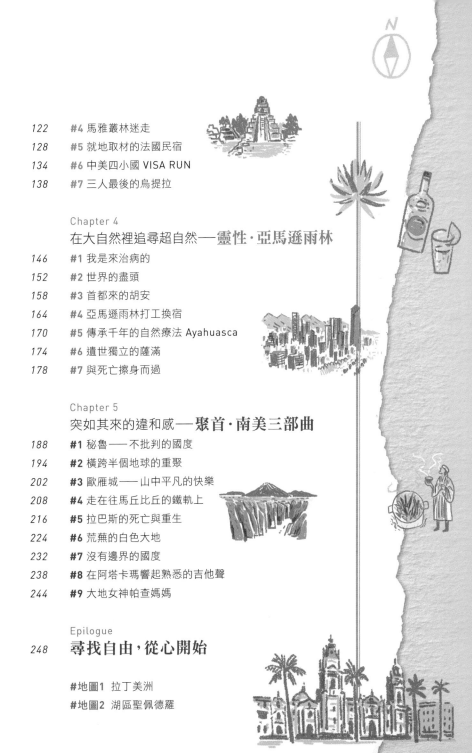

蒂卡爾

烏蒂拉

墨西哥

貝里斯

Semuc Champey

宏都拉斯

瓜地馬拉

阿蒂特蘭湖

聖佩德羅蘇拉

薩爾瓦多

尼加拉瓜

富埃戈火山

帕卡亞火山

安地瓜

哥斯大黎加

利馬

古巴

多明尼加

委內瑞拉

蘇利南

哥倫比亞

波哥大

波帕揚

莫科阿

厄瓜多

秘魯

巴西

水電城
熱水鎮
馬丘比丘

庫斯科

奧揚泰坦博

永加斯路

拉巴斯

玻利維亞

聖佩德羅德
阿塔卡馬

烏尤尼

智利

阿根廷

巴拉圭

N

湖區聖佩德羅 # MAP

碼頭旁擺攤街

聖胡安　獨木舟

聖西哥

瓜地馬拉　宏都拉斯

薩爾瓦多

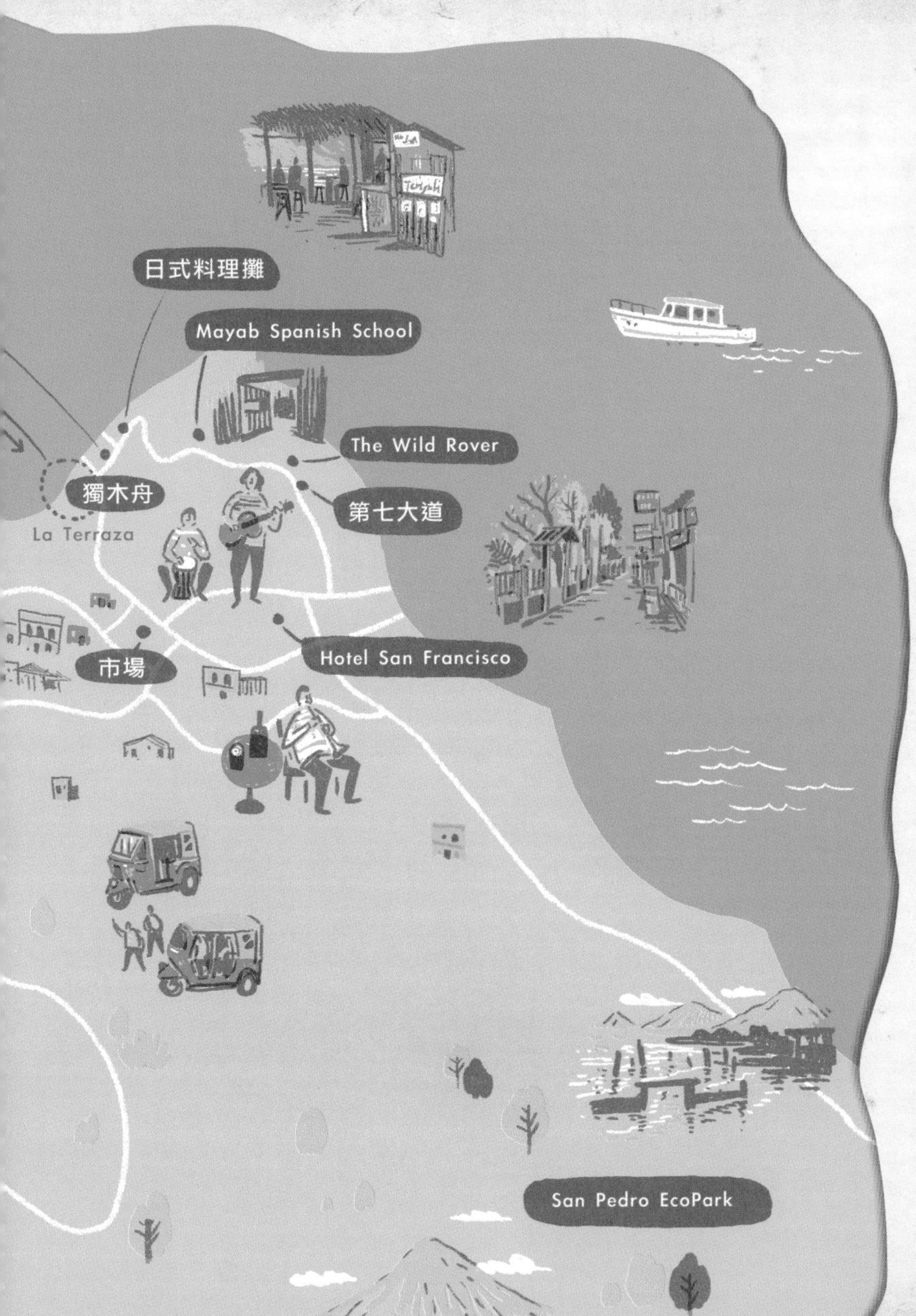

日式料理攤

Mayab Spanish School

The Wild Rover

第七大道

獨木舟

La Terraza

市場

Hotel San Francisco

San Pedro EcoPark

Prologue

放下·出門·流浪

在人生事業的巔峰按下暫停鍵，

放下舒服的日子不過，

一心嚮往流浪人生。

錢可以再賺，

但流浪要趁早。

一封
離職信

漂泊，在天與地之間，我呼吸著自由。這是我費盡心思，千辛萬苦得來的自由，一吸一吐之間，我感受到喜悅。

成長過程中你是否也曾經想拋開一切？想逃，逃離原生家庭、逃離親友的目光、逃離國家社會的條條框框，自我放逐到一個陌生的國度，越遠越好。

我的旅遊史，是一次又一次的叛逃，第一次到澳洲去，第二次是歐洲，而這一次是拉丁美洲。我在流浪中找尋自由，雖然當時的我並不知道何謂「自由」。

故事從一封離職信說起⋯⋯
「有些事如果現在不做，一輩子也做不了。」我在離職信中這麼寫著。
「什麼時候決定的？」老闆娘問。
「進公司前。」我說。

我在2013年發願要到拉丁美洲生活，我總以為人生不該留有遺憾，我希望明天的我是灰頭土臉地在旅途上奔波，而不是光鮮亮麗地坐在辦公室裡。

　　我只是一個平凡人，出生在平凡家庭，中文系畢業，做過一些零散的工作，曾在澳洲打工兩年，除了旅行過五十個國家可以拿來說嘴以外，沒有任何專長。在旅遊業的這兩年，帶給我莫大的自信，讓我覺得我是一個有用的人。在公司人人平等，只要願意付出，得到的收穫立竿見影，不只是存款數字的增加，還有客人給予的肯定以及成就感。

　　也許是這樣的成就感，支撐著每一次難關，無數次的夜晚，與好朋友聊起旅行時的種種，感覺都像是好久好久以前的事。在忙碌而充實的生活裡，有那麼幾個片刻，我以為我可以像其他人一樣，日出而作日落而息，追逐著世俗。

　　好幾次我都這麼問自己：「能不能把以前的夢想擱置？」

隨著時間的流逝，心中總有個聲音在提醒著我：「説好的拉丁美洲呢？」

　　在辦公室裡，我對潔西説：「我做到這週五，手邊有一些客人要交接給妳……」還沒説完她就淅瀝嘩啦哭了起來，還抽了我兩張衛生紙。這是我第一次看到她哭。

　　「妳知道我有一天會離開的。」我説，其實心中有諸多不捨。

　　「我知道，但是我以為不會這麼快。」潔西説。後來才知道她也計畫著要離開，沒想到被我搶先一步。

　　公司對於遞出辭呈的一律批准不挽留，我想每個人離職原因各不同，肯定都是深思熟慮才會做出這決定，公司也尊重當事者的決定，給予祝福。我寫了一張卡片給老闆娘，感謝他們這兩年的照顧。

2016年，終究我還是選擇離開，那幾天好幾位同事見到我就傷心得落淚，他們沒想過我會離職，特別是在事業達到高峰時。老闆娘微笑説了一句祝福，其餘的就留在彼此心中。

　　我在週五進公司收拾，旅展期間大家都出門打拼，這樣就可以免去道別的尷尬場景。出門旅行，一點也不難，難的是離別，無論經歷了數百次都一樣，揮揮衣袖看似瀟灑離去，心中卻是五味雜陳。

　　人生中充滿了種種牽掛，我選擇在這個時刻放下，因為我還有其他的夢要追，我還想要用不同的方式看看世界。

有去無回的
旅程

　　這是一趟沒有終點的旅程，我打算在拉丁美洲落地生根，至於為什麼會這麼決定，當時的我說不出具體原因。

　　「人生苦短，我要活在當下。」

　　離開前，我在家裡辦了一場聚會，邀請所有的朋友出席。我告訴他們，來的時候記得帶購物袋，我的行李是一個八公斤的背包，房間裡所有東西我都不帶走，喜歡什麼儘管拿吧！

　　在生命中擁有太多，往往被這些有形無形的事物牽絆著，旅行多年我早已學會孑然一身，什麼都沒有是最輕鬆的，況且，我們需要的遠比想像中少得多，不是嗎？

　　「為什麼是拉丁美洲？妳去過嗎？為什麼想要在那定居？」

　　「因為它是距離臺灣最遙遠的地方，我要在一個沒人找得到的地方，找到我自己。」

　　旅行路上遇見的拉丁美洲人都令我印象深刻，他們
外貌不同，但是都擁有非凡的自信與魅力，好像天塌
下來都會有辦法解決。他們的眼神中帶著溫暖，彷彿
可以直視你內心最脆弱的地方，並且注入陽光。他們
有種不可思議的自在，不論何時何地，渾身都散發著
一股自信。

　　那是我成長背景中不存在的元素，我想到這一塊土
地上看看，也許，它能給我自信與自在。

一張
單程機票

　　說是一張單程機票，其實是一串往西邊飛的機票。2016年6月17日離開臺灣時，我只訂了飛到歐洲的機票，接下來打算在路上計畫後面的旅程。

　　流浪，為的是享受全然的自由，不想用機票來綁住自己。如果不是非必要，我都堅持不預訂下一段航班，把時間空下來迎接路上的種種可能，更何況是三個月後的旅程，天曉得這段時間會遇上什麼人什麼事，帶我到哪一個未來去？

　　沒想到，還沒飛到歐洲就踢到鐵板了。

　　吉隆坡機場辦登機手續時，越南航空地勤詢問：「妳的簽證跟回程機票呢？」

　　我回答：「臺灣護照可以免申請簽證入境，申根地區可待九十天。我到了歐洲會再預訂後面的行程。」

　　地勤表情嚴肅：「依照規定必須要有回程機票，否則我們不能核發登機證。」

　　我詫異道：「不是吧！歐洲我去了三次，每次都是單程機票進去，玩了三個多月。」

地勤人員翻了翻我的護照，眉頭深鎖。那是我出國前才換發的新護照，裡面只蓋了兩個章，沒有歐洲的出入境章，而我的舊護照放在家裡沒帶出來。

僵持不下，我只好認命到角落訂機票。還好平常有查看機票的習慣，三兩下就找到合適的機票，花了兩百歐，預訂9月27日歐洲之翼航空，從德國科隆到美國邁阿密的機票。歐洲的夏天是我最喜歡的季節，既然來了就待好待滿。

離境日期刻意超過申根簽證的九十天，想測試地勤人員的反應，結果他們連看都沒看就放行了。

抵達邁阿密，距離下一段班機還有十六小時的轉機時間，由於懶得進城就在機場睡了一晚。邁阿密SCL機場設施乏善可陳，我帶著六小時的時差昏昏沉沉睡去。

要飛往瓜地馬拉時，又是一樣的情景。
「請出示回程機票。」
這次我學聰明了，訂了一張從瓜地馬拉到薩爾瓦多的車票，十四美元就搞定。

四小時的航程，瞬間就過了。中午左右抵達瓜地馬拉機場，排隊下飛機的那一瞬間開始緊張了起來……歐洲的旅程豐富緊湊，還來不及做好心理準備就飛到瓜地馬拉，沒有行動網路、沒有預訂住宿、沒有安排交通，迎面而來的將會是什麼挑戰？

安地瓜（Antigua）是我第一個落腳的城市，乾季的瓜地馬拉陽光充沛，溫暖而舒適。

　　海關人員緩慢地拿起我的護照左翻右看，偶爾看著我微微笑，然後緩慢地拿起印章隨性地翻一頁蓋上印，在框框裡寫下「90」天。

　　我拿了行李就往外衝，發現機場的每一個人看起來都動作緩慢，或者說，是我動作太快，初到此地還沒跟上這裡的節拍。

　　「先領一點瓜國幣好了……」我心裡想著，搜尋可能有提款機的角落，翻遍了整座機場，好

不容易在出境大廳找到唯一一個提款機，才正要插卡，發現旁邊圍觀了好幾位當地人，我下意識地收回卡片，「聽說瓜地馬拉治安不好，還是小心為上。」

「No!No……@#$%^&……」身邊一位老大哥說了一大串，我只聽懂「NONO」。一位略懂英文的男子指著提款機搖搖手試著跟我解釋，原來是提款機壞了啊！但是提款機怎麼能壞呢？況且這是唯一一臺提款機，沒辦法領錢的話哪兒都去不了……

腦袋開始不自覺旋轉，剛落地就遇到困難，暗自責備自己沒有多做點準備，但是這樣的責備在心裡只停留一秒，「總會有辦法的」我心想。

轉頭看唯一一間兌換所，匯率奇差無比。美金：瓜幣（USD:GTQ）正常匯率約 1：7.5，眼前的兌換所匯率是 1：6.2。於是我頭也不回地往外走，從入境大廳坐電梯下樓到出境大廳，同一間銀行的兌換所，樓下的匯率 1：7.2。我立馬掏出五十美元，先換一點瓜幣就上路。

後來才知道，原來車資可以用美元支付，不僅如此，在瓜地馬拉大城市裡美元的流通率很高，但是去到鄉下就完全不好使了。

01

Chapter

新與舊的交會

混種·瓜地馬拉

這是一個再陌生不過的國家，

我對這裡的語言文化一無所知，

就像被自己發放邊疆。

唯有自我放逐，

才能找回遺失的自己。

Guatemala

拉丁美洲的
文化衝擊

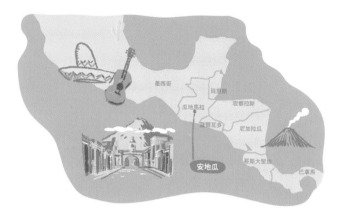

墨西哥
貝里斯
瓜地馬拉
宏都拉斯
薩爾瓦多
尼加拉瓜
蔣斯大黎加
巴拿馬
安地瓜

　　我的拉丁美洲初步計畫，是先在中美洲物價低廉的國家學好西班牙語，再到南美洲薪資高的國家找工作。網路上交叉比對搜尋，瓜地馬拉成了我第一個落腳的國家。

　　瓜地馬拉至今仍是臺灣少數的邦交國之一，入境免簽可以待90天，簽證到期要延簽也很方便。生活消費低，不管是吃住或民生必須用品都很便宜。加上緯度低，全年氣候穩定，各地氣溫保持在12度到25度之間，適合人居住，可以輕裝前往。再者，以中美洲各國來看，瓜地馬拉的治安相對好一些。

　　第一站將前往舊城安地瓜（Antigua），Antigua這個字的西語是「古老」或是「舊」的意思，十六世紀曾貴為中美洲首府，因地震頻繁首都才遷到現在的瓜地馬拉市，但安地瓜至今依舊是中美洲最深受國外旅客喜愛的城市。

　　前一晚在邁阿密機場徹夜未眠，加上連續幾日的舟車勞頓導致精神不濟，坐在開往安地瓜的麵包車上，眼神呆滯地望著窗外，竟有種身處夢境的虛幻感。一排又一排的矮房子從眼前刷過，令人目不暇給。這是一個好不一樣的國度。

舊城安地瓜的西班牙殖民建築。

安地瓜街景，西班牙殖民建築搭配身後的火山與藍天白雲，形成中美洲城市的獨特風景。

　　瓜地馬拉給我的第一印象是跟菲律賓很像，也許因為西班牙殖民影響，加上二戰後美國文化入侵，兩個國家有很類似的風貌——房屋不超過三層樓，幾乎每戶都有鐵窗；雜貨店比比皆是，裡面什麼都賣；連當地人都長得很像菲律賓人。當地公車叫野雞車（Chicken Bus），跟菲律賓的市區巴士一樣是二戰時美軍留下來的車輛，用七彩顏色粉刷，成了獨具風貌的交通工具。最大的差異是菲律賓英文非常普及，來到這裡如果不懂西班牙語就好像文盲一樣。

　　翻過一個山頭，終於來到舊城安地瓜，又是截然不同的風格，從柏油路開進石頭路，就進入了它的領地，街道如棋盤般方正，穿插幾個廣場以及教堂，每一棟建築隨性地漆上自己喜歡的顏色，搭配身後的藍天白雲，置身其間令人心曠神怡。政府有意保存古城的歷史，維持它原有的面貌，整個城區的街道名稱、路標、門牌、甚至招牌都不許特立獨行，一概用低調的古銅表達，這樣的用心確實造就了它的獨特。

漫步在安地瓜街頭。

　　入住市區背包客棧，男女混宿六人房，房間裡大家都用床單把床圍起來，有人睡覺、有人洗澡，就是沒有人交談，感覺很不親切，跟我想像中的拉丁美洲不一樣！？旅行時背包客棧是最重要的資訊交流站，我在安地瓜入住的第一間背包客棧，遇見的都是結伴而行的旅人，似乎沒有人想交朋友。

　　放下背包四處探索，時而左彎時而右拐，安地瓜的每一條街道都跟隔壁長得有點像又似乎不太一樣，我在城區裡迷路了，反正不趕時間也沒人催促，累了就坐在路邊休息一下，渴了就喝兩口水，累到走不動時總會有辦法找路回家。

　　安地瓜被譽為中美洲最觀光的城市，時逢雨季所以觀光客特別少，街上空無一人，來往的車輛不多，走了一下午還遇不上幾位旅人，令人覺得格外驚奇。沒有汽車的喇叭聲，沒有小販的叫賣聲，大家各司其職，整座城市瀰漫一股很特別的寧靜，是我喜歡的悠閒氣氛。

　　美國的速食文化也入侵了，卻不至於污染了它的美好。其中最特別的是麥當勞，門口的招牌很小，進門後卻別有洞天，點餐臺後邊是一個佔地不小的花園，周邊有一些零星的用餐桌椅，麥當勞叔叔就坐在噴水池旁曬太陽，完全反映了當地人的生活，悠閒愜意。

瓜地馬拉
沒有郵局！？

　　住了兩晚，我搬到外圍的青年旅社。說是外圍，不過是多走三個路口罷了，安地瓜城區很小，鋪滿石板路的區域大概就是城區的範圍，外圍走一圈大約只要一小時，好像西門町這般大小，居住人口數僅有四萬五千人，怪不得路上這麼安靜。

　　多走了幾個路口，景致卻是大不同，街上的商家更少了，民宿倒是寬敞多了，屋頂有一個大陽臺，兩套木質桌椅，三個吊床，四邊雲霧繚繞的火山，一入住我就迫不及待地爬上屋頂享受美景，住在這的三天裡除了睡覺以外其他時間都在屋頂上度過。我喜歡找一個安靜的角落放空，感受時間的流逝，常常就在屋頂、公園或海邊，盯著遠方的山水，就過了一天。

安地瓜城外圍青年旅
社屋頂上的風景。

　　城區與郊區的差異除了空間與氣氛之外，住客的人格特質也很不一樣，這幾趟旅行感受格外深刻，選擇住市中心的人多數個性較為急躁，來去匆匆照著計畫按部就班地進行。外圍郊區住宿也許硬體設備舊了些，但通常空間寬敞一些，住客也比較隨性，我在屋頂上認識了第一位朋友，來自美國的傑哥。

　　寫了幾張明信片，地圖上找到郵局的位置，走到附近卻怎麼也找不到郵局，詢問民宿小姐，説是中午休息。於是我隔天又去了一次，就在門口守著，問了一個熱心的路人，語言不通之下幾番折騰，才知道郵局不開了，今天不開、明天不開、以後也不知道什麼時候再開。再次確認，到的答案是：「郵局罷工不營業，不知道什麼時候會恢復作業，急的話可以用快遞。」當地用UPS或FedEx，寄送一張明信片要GTQ100（NTD400）。

瓜地馬拉的明信片。

　　沒有郵局？郵局不營業？居然有一個國家郵局不營業？這是我聽過最荒唐的事了。郵政系統在各個國家都扮演著舉足輕重的角色，現在寄私人信件的雖然不多了，但是正式文件往來、包裹寄送、網路拍賣的商品寄送，甚至國際間的郵政往來，都是非常重要的。

　　但神奇的是，對於郵局罷工這件事，當地人並不感覺困擾，他們一派輕鬆地說：「對啊！郵局沒開。」

　　瓜地馬拉網路不方便，據觀察網路購物行為不存在，沒有需要寄送的包裹，當地居民遷徙的狀況不常見，加上人民的性格悠閒隨性，一時半刻送不到的東西，就等碰面再給。

　　離開安地瓜後，每到一個城鎮我都會找尋郵局，得到的答案依舊相同，有幾次在路邊看到私人的郵筒，上面寫「明信片代寄」，細問之下才知道他們會收集到一定的數量，然後從鄰近國家宏都拉斯寄出。

NO STAMPS AND NO
INTERNATIONAL
SERVICE FOR THE
MOMENT.
POSTAL SERVICE IS IN
TRANSITION FROM
PRIVATE TO PUBLIC.

郵局門口的告示牌。

「我還是自己寄比較保險。」於是我繼續背著二十張明信片，挨城挨鎮地找，終於在六個月後成功從哥倫比亞寄出了，兩個月後親友們也陸續收到明信片。

在拉丁美洲轉了幾個月，發現郵政系統對他們來說似乎真的不是必要，一個城市裡常常只有一個郵局，座落在不明顯的角落，招牌標示不清，沒有認真找很容易會錯過。沒有路邊設置的郵筒，要寄信的人必須到鎮上唯一的郵局，有一回我要離開智利北邊的小鎮，早上路過郵局要寄信，郵局還沒開，而且郵筒關在大門裡頭，也是折騰了好一番才順利寄出。

四個月後再次回到安地瓜，看到郵局開門了，我欣喜若狂。走近一看告示牌上寫著：「郵政業務正陸續從私人轉回國營，暫不受理國際郵政信件，包含郵票、明信片等，造成不便僅請見諒。」這一次罷工持續了好幾個月，似乎有些進展，不知道是不是達成員工的訴求了？

後記：2020年1月再訪瓜地馬拉，換了一張告示牌，依舊是相同的內容。四年過去了，瓜國的效率令人稱奇。

帕卡亞
火山歷險

在安地瓜預訂了一個八美元的帕卡亞火山（Volcán de Pacaya）一日遊，早上六點就吃完早餐等接駁巴士（Shuttle Bus）來接，巴士開遍整座城市載了滿車的人，出現在門口時已經六點半了，司機態度從容，不疾不徐。在這個國家時間似乎以不同的邏輯去定義，**他們最常掛在嘴邊的是「mas tarde」（等會兒）、「mañana」（明天再說），讓我先享受當下，未來的事可以等等。**

墨西哥

貝里斯

瓜地馬拉

宏都拉斯

薩爾瓦多

尼加拉瓜

帕卡亞火山

安地瓜

哥斯大黎加

巴拿馬

反觀我們，凡事要求效率，每一個當下都是為了未來而活，每天趕著上班，趕著下班，Always Busy but Always Late，趕著把手邊事情處理完，為了找到更節省時間的方式而絞盡腦汁，除了睡覺時間，身體跟腦袋都沒停下來過，節省下來的時間再拿去做更多的工作，然後，不知不覺一輩子就在匆忙中度過了。

　　來到拉丁美洲，就是為了理解他們的思維，把自己的腳步調整成他們的速率，隨身攜帶一本書坐在路邊靜靜等候，看著人來車往，享受街頭的陽光。

　　巴士駛出城外，車上只有少數人交談，大家都在靜靜地欣賞窗外的景色，來到瓜國第四天了，依舊覺得很新鮮，一切瑣碎的日常，都好不尋常。

　　開了一個半小時，終於抵達火山入口，導遊過來帶領我們，買好門票就往裡頭走。下車後才發現我們這車的人有一半是西班牙人，另一半是以色列人，大家恰巧都會西班牙語，只有我一個亞洲人，什麼都聽不懂。在這裡英語顯然不是個重要的語言，或者說，來到拉丁美洲的旅人都是有備而來的。

帕卡亞火山上玩耍的孩子，我們走得氣喘吁吁，對他們來說可是小菜一碟。

還有一個很有趣的巧合，西班牙人的背包都是平價的法國運動品牌迪卡儂QUECHUA，而以色列人背的是高檔的美國登山品牌OSPREY。同團每個人都穿著登山裝，背著專業登山包外加登山杖，只有我穿針織衫牛仔褲，背著連我媽都嫌破舊的側背包。第一次出國感覺自己準備不周，而這樣的狀況在接下來的幾個月內屢屢發生，拉丁美洲的美在戶外，必須走進高山、叢林、海岸，才能真正體會。最慘的是拉丁美洲不生產這些戶外用品，只有在大城市才能偶爾看見熟悉的品牌，卻都價格不菲。

三小時的健行，一點也不容易，從入口開始一路上都可看見牛仔詢問「Taxi！Taxi！」，他們牽著自家的馬匹尋找乘客，體力無法負荷的隨時可以找到坐騎。我們從海拔1896m攀登到2296m，整路約45度上坡，都是鬆軟的火山砂石，每走幾步可見新鮮的馬糞和著泥沙，更增加了挑戰性。一路上坡，大家都專心行走，沒有什麼人交談，而我則是認真地看路，深怕一個不小心就跌到屎裡。雇用馬匹的人比想像中還多，我們這車有一個微胖的以色列小妹走沒兩步就放棄了，讓馬兒載她到山上。

火山上烤棉花糖，新奇又有趣，許多人像我一樣是被這一點吸引來的。

　　路上穿插幾個瞭望臺讓大家拍照歇息，最後經過一個大彎，我們來到了一個寬闊的平臺，正視著火山口，山頂的缺口微微冒煙。帕卡亞為活火山，在2010年有相當嚴重的火山爆發，程度可比九二一地震，周邊的村莊都被掩沒，罹難人數不少。我們腳下踩的砂石，便是當時熔漿冷卻後形成的。

　　拍完照導遊帶我們下去山腳邊的火山岩，完全沒有植被的砂石，四處可見岩石縫冒著煙，

火山上眺望村莊。

這時導遊拿出一大包棉花糖，地上撿根棍子串起來，大家各自找個冒煙的岩洞就烤了起來，烤到整顆胖胖的，表皮酥脆內餡鬆軟，美味可口。這兒可說是行程的高潮了，我就是為了烤棉花糖才參加這行程。

　　歇息片刻慢慢往回走，下山不比上山容易，雖然沒有攀爬來得吃力，但在大坡度的鬆軟土地上行走需要花另一種力量維持平衡，即使跌倒也不要跌進屎堆裡。我的慢跑鞋抓地力不好，下坡路段滑倒兩三次，都是輕微的打滑，馬上就站起來了，不礙事。下山果然快速許多，沒多久我們就回到了起點，告別導遊，結束這一趟火山生態之旅。

開往湖區的
接駁車

在安地瓜待了一週以後，我準備前往阿蒂特蘭湖（Lago de Atitlán）的湖區小鎮聖佩德羅（San Pedro la Laguna）。瓜地馬拉境內的移動方式是野雞車或接駁車，野雞車便宜但是花時間。我希望在抵達當天還有多餘的時間找到喜歡的學校跟住宿，所以預訂了最早出發的接駁車。

瓜國常見的接駁巴士，麵包車頂裝上鐵架，裝不下的行李就往車頂放。

墨西哥

貝里斯

宏都拉斯

瓜地馬拉

阿蒂特蘭湖

薩爾瓦多

尼加拉瓜

富埃戈火山

安地瓜

哥斯大黎加

巴拿馬

　　安地瓜四處可見旅行社，訂票、訂行程都必須透過他們，大部分的民宿也都提供這樣的服務，價格不一，其中價格最優惠的旅行社在超市對面的麵包店裡，車票GTQ60（約NTD250），進門、訂票、付錢、離開，程序簡單無暗藏玄機，訂好車票一切就緒。

　　隔天一早在門口等候，八點的車等到八點四十才出現，一度我以為被騙了。瓜國各地的接駁車系統都是這樣，告知民宿地點，司機就一個一個接，也許是我的住處在外圍，車子接完了所有乘客最後才來接我。到府接送服務看似不錯，但以一個這麼小的城市來說，定點集合全部上車不是更有效率嗎？

　　一上車就看見在機場一起坐車到安地瓜的以色列男孩，世界真是小，遇到認識的人格外開心，聊了一下這幾天發生的趣事，前排的另一個以色列男孩也加入話題。

"Where's your accent from?"

（妳的口音是打哪來的？）

"From everywhere, I'm a world traveler!"

（從世界各地，我四處旅行。）

"It sounds more British, and a bit Australian."

（聽起來像是英國腔跟澳洲腔混合。）

"Maybe because I've been to both. I had lived in Australia for 2 years and I've got lots of British friends."

（因為我在澳洲住過一陣子，也結交了很多英國朋友。）

通常介紹完自己是臺灣人之後，下一個問題就是臺灣的語言，臺灣人說中文！所以臺灣跟中國是什麼關係？外國人對兩岸關係非常感興趣，這麼複雜的一段歷史，真是一言難盡，我通常先回答「It's complicated.」（很複雜）或「It's a long story.」（這要講很久），如果對方不再過問我也就此打住。

以色列男孩表情認真，興致勃勃地說：「我們有足夠的時間可以聽故事。」

於是我從國父革命推翻滿清建立中華民國開始講起，說到二戰之後的國共戰爭，國民政府戰敗逐步遷臺。這段歷史我在旅行中說了很多次，

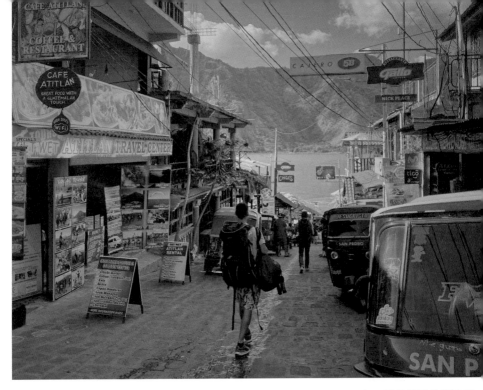

也順便宣傳臺灣。他們聽得很認真，中間也問了好幾個問
題。以色列也曾經有過複雜的歷史，所以他們特別感興
趣，也感同深受。

　　開了半小時經過一個小鎮，以色列男孩很興奮地拍
拍我，指著前方正冒著濃煙的富埃戈火山（Volcán de
Fuego），來瓜國一個禮拜了第一次看見火山冒煙，原
來火山活動是這麼一回事，好像一鍋滾燙的濃湯，溫度
高時冒濃煙，不小心燃點過高時就溢出鍋外。人們在街
道裡穿梭，冒煙的火山近在咫尺，有一種置身於龐貝古
城的虛無感。只有觀光客非常興奮地拍照，當地人早就
習以為常，依舊談笑自若。

前往聖地牙哥的碼頭。這一趟船班逆風而行，比其他航線危險得多。

　　休息過後就進入極度蜿蜒的山路，瓜地馬拉多丘陵地，坐在接駁車裡深刻感受到這蜿蜒。司機大哥技術倒挺好，四米寬像泡麵一般的山路，除了要閃避對向來車，還要閃避兩三米就出現一次的大坑洞，這坑洞小則如臉盆大則如浴缸，可以塞進三個胖子還有空間，人民似乎不以為意，抗議申訴也沒什麼效果，有些旁邊插個牌子「注意」，其他大坑就這麼被擱著。白天開車倒不打緊，太陽下山後沒有路燈肯定超級危險。

　　阿蒂特蘭湖周圍群山圍繞，要到達湖區的任何一個城鎮都必須翻山越嶺，湖區城鎮之間最常用的交通工具是渡船，我們戲稱她為「陸地上的小島」。

後記：途中經過的富埃戈火山，在2018年6月爆發，死傷三百，失蹤無數。

停電的
義式晚餐

　　抵達湖區小鎮聖佩德羅後，車上的人各自散去，前排的一對義大利情侶說：「晚上我們做菜，要不要一起用餐？」我們相約七點半在這個岔路口，留下聯絡方式便離去。

　　車上十來個人大都結伴而行，只有我一個亞洲人落單，也許因為這樣他們釋出善意。類似的邀約在旅程中常常出現，我也來者不拒，一個人旅行畢竟是孤單的。

　　來到這裡第一件要事就是找到西語學校，我背著大背包四處走，問了幾個人都沒能找到原先要去的Corazon Maya Spanish School，倒是一

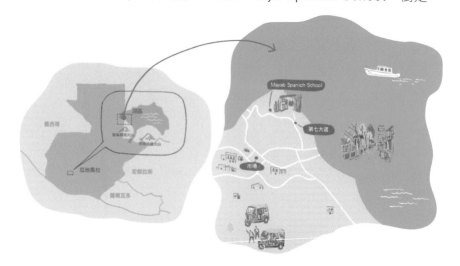

湖畔的房子。聖佩德羅的湖水每52年轉換潮汐，居民大多住在山坡上，湖邊有許多閒置的房子。

直看見斗大的招牌寫著「Mayab Spanish School」，黃底紅字顏色格外鮮明，底下有箭頭指引方向。好像被施了法術，我不自覺被這招牌吸引，跟著箭頭的方向穿過一個又一個小巷，我來到一個巷子內的小園區。

星期日下午沒有人上課，園區一片寧靜，大門半開著。不知哪來的勇氣，我推開門直直走了進去。「哈囉！有人在嗎？」

裡頭是一座漂亮的小花園，這才發現有一個面善的老先生在角落整理花草，來應門的是一位三十多歲的男士。「Hola！妳好，這裡是Mayab西語學校，需要為您介紹嗎？」這位年輕男士是這裡的校長，在辦公室裡解說了課程安排。

45

跟著斗大的黃色招牌來到Mayab Spanish School。

花園裡的老先生是校長的父親，也是鎮上馬雅語的權威。以往我總會花許多時間貨比三家，但也許是二位男士的磁場讓我感覺安心，我毫不猶豫就預訂了一週的課程加寄宿家庭。

半小時後，來了一位七歲的小男孩，校長說：「他會帶妳到寄宿家庭去。」小男孩是寄宿家庭的長子，被派遣來接我回去，他一句英文也不會，神態羞澀低著頭慢慢走著，我們一前一後往山坡上走去，走過觀光大街，經過市場旁的教堂，轉了三個彎才到達，我的寄宿家庭隱身在住宅區裡。

十五分鐘的路程，彎彎曲曲也太複雜，等一下出門肯定迷路！

我住在二樓的一間寬敞的單人房，房內一張床一個衣櫃，非常簡單的擺設，或者說，沒有擺設可言。房間外面就是浴室，簡單梳洗後我躺在空曠的房間裡，沈澱一下。千辛萬苦來到這裡，就要開始拉丁美洲的生活了，這一切感覺好不真實。

突然間下了一陣雷雨，屋子停電了，我走到陽臺往外看，原來整個小鎮都停電了，隔著湖看見對面村落還有零星的燈光閃爍，寄宿家庭的媽媽瑪莉亞也跑了出來，對我微微笑。住在這裡幾個月的光景，發現停電是常常發生的，怪不得大家都習以為常。

阿蒂特蘭湖的日出。我們早晨四點集合，摸黑爬上名叫「印地安鼻子」的山，一路上滿天星空，天色慢慢亮，整座山也活了起來。

休息片刻，我穿上外套就到下車的地方赴約。外頭依舊漆黑，小雨來一陣去一陣，我與義大利情侶在停電的雜貨店採買食材後，跟隨他們回到民宿。

停電時瓦斯還是正常運作的，小倆口戴著頭燈在廚房裡切切弄弄，這是我第一次看義大利人做義大利麵，材料東缺西少，廚房照明不足，步驟卻堅持樣樣精準。

安德森拉起一根麵條，「再八秒鐘就可以關火了！嗯，對！我們義大利人對於麵條是很嚴格的，軟硬適中才是正宗的義大利麵。」

　　這對小情侶約莫三十歲上下，平常在宏都拉斯的烏提拉島（Utila）上當生態志工，過境來到這裡度假順便拜訪朋友。安德森說他離開義大利已經九年了，偶爾回家鄉探望親友，發現自己已經無法在那樣的社會體制下生活。

　　九年的光陰奉獻給一座小島，這是我無法想像的生活，不知道他完成學業了沒有？不知道他有沒有穩定的收入？不知道他未來有什麼打算？

　　這些問題在心裡打轉著，最後和著當晚的義大利麵吞下了。**也許，該放下的是我，從小背負著國家社會的這些期許，來到拉丁美洲，可以放下了吧。**

茅草屋
西語生活

　　來瓜地馬拉之前我在臺北的語言中心上過一期西語初級，經驗值十八小時，會打招呼、說再見、學了一點動詞變化，除此之外什麼都不會。

　　來到瓜地馬拉，繳了學費那一刻起我開始感到無比的緊張，畢竟學習新的語言是一項非常大的挑戰，而我知道，這一項挑戰將會帶領我到一個截然不同的世界。

　　我在聖佩德羅前後住了六、七個月，總共八週課程，由兩位老師授課，前半段文法課程，後半段口語表達。

　　上課第一天，老師領我到一個茅草屋頂坐下，接著開始一對一全西語的課程。

Mayab Spanish School 園區，我們在茅草屋裡上課。

「Buenos días! Cómo estas?」（早安！妳好嗎？）老師先開口問候。

「Muy bien. Y tú?」（我很好，你呢？）

「我是你的西語老師，我叫荷西，很高興認識你。」

　　第一堂課對於老師與學生來說都是最痛苦的一天，因為第一天肯定是程度最差的，簡單的問候之後，我們很努力地聊天。這一天雖然痛苦卻也是很重要的一天，老師用簡單的西語測試學生的程度，學過什麼？能聽懂多少？能說多少？

通常會討論幾個問題：

「預計在這裡待多久？」

「預計上多久課程？」

「想要學習的重點？可能是聽說、讀寫、文法……？」

「你的職業或專長？」

「目標是什麼？」

這時候老師會計算出教學方針，給學生一個大概的方向，然後說：「我們一起努力達成！」達到學習目標最重要的關鍵──一起努力！

於是我們從基本的生活問答與數字開始學習，接著從動詞切入，介紹現在式、過去式、未來式……等等，這五週的課程以文法為主。

第一天下課前，老師給我一張回家作業，往後的每一天也都有回家作業。原本以為拉丁美洲生活步調慢，在這裡應該是輕鬆悠閒，舒舒服服就可以把西班牙語學起來。開始上課才發現，學習本身就不輕鬆，特別是學習一種陌生的語言，而且瓜地馬拉的西語老師各個都很敬業，教學認真不馬虎。

這五週重回了學生生活，上課寫作業、吃飯睡覺，一天天就這麼過去，整個腦袋都被西班牙語塞滿了。文法課程本身非常生硬，光是動詞變化就令人暈頭轉向，但是這些課程奠定了我西語的基礎。

後半段口語表達課程由胡安老師授課，我們上課花了很多時間聊天。

「妳想學什麼內容呢？」第一堂課老師照慣例詢問。

「我的職業是外語導遊，常常帶團到拉丁美洲來，除了語言的加強以外，希望可以多了解在地的文化與生活。」

老師要我每天來上課時帶一點零錢在身上，課程期間，我們偶爾到街上、到店裡、市場裡吃小吃，老師也帶我到鎮上的碼頭、小島區、觀景臺、火山登山口，從不同角度切入學習，我非常喜歡。

大部分時間，我們都像朋友一樣聊天，老師介紹瓜地馬拉的節慶，我也跟他介紹臺灣的廟宇文化，一開始還夾雜著英文，到第三週已經可以全西語描述了。

西語學校的交誼廳。休息時間學員們聚在這裡喝咖啡，聊聊彼此的故事。

第三週上課，老師說：「這是最後一週，課程結束前要請妳交一份期末報告，用西語拍一段影片介紹瓜地馬拉。這段影片將會放在學校的官網，以及阿蒂特蘭湖區的社群平臺上。但是不用擔心，我會全程協助。」

　　於是從寫稿子開始，每天花十分鐘唸稿練習、矯正發音，接著花一個下午的時間錄製影片、剪輯，終於在最後一天上課時交出了影片。

　　「影片做得很好，我很喜歡。」老師接著說：「這是我們最後一天上課，也是我最後一天教書，我被雇用為博物館館長，下週開始上班。」

　　課程結束也意味著另一個開始，感謝我的西語老師，讓我增強戰鬥力。

02 Chapter

天堂般的湖畔小鎮
嬉皮·聖佩德羅

總以為桃花源只是

筆墨於紙上的幻想，

來到這裡才發現，

原來真有這樣的地方。

San Pedro

陸地上的
小島

　　阿蒂特蘭湖有「世界上最美麗的湖泊」之美名，是個因火山爆發而生成的火山湖，周邊共有四座活火山與十三個村落。聖佩德羅是湖區十三個村莊之一，海拔一千六百米，靠近赤道故終年恆溫，白天溫暖早晚涼爽舒適，是最多旅人選擇落腳的地方。

墨西哥

湖區

聖佩德羅火山

阿蒂特蘭火山

瓜地馬拉

宏都拉斯

薩爾瓦多

背著大小背包剛抵達
聖佩德羅的樣貌，沒想
到一住就是好幾個月。

　　聖佩德羅有兩個碼頭，一個是主要碼頭，連結阿蒂特蘭
湖區其他村莊，另一個碼頭主要負責聖地牙哥的交通往返。
從碼頭延伸出去，道路呈放射狀往山坡上去，密密麻麻彎曲
的小巷弄，不管怎麼走都會碰到某幾條主要道路，既複雜又
單純，好像把永和蓋在山坡上那樣，方向對了就可以到達目
的地。對於初到此地的菜鳥，迷路是非常正常的事。

　　瓜地馬拉的人民非常友善，特別是像聖佩德羅這種小
地方，一旦走出家門，路上遇到的每一個人都會親切的跟
你打招呼，每、一、個、人！**有人說，真正的旅人都會愛
上拉丁美洲，我想是因為人民的熱情友善，他們的眼神彷
彿說著：「你是新來的吧！我們歡迎你喔！」讓初到此地
的新人多了份歸屬感。**這小鎮人口不多，每天都遇見差不
多的人，菜市場賣雞蛋的妹妹、雜貨店裡帶著寶寶的婦
女、轉角果汁店的年輕男子，多見了幾次面也能聊上兩
句，就好像多了一個朋友一樣，再下一次見面常常迎來的
就是一個熱情的擁抱。

中美洲受西班牙殖民影響，人民普遍熱情，人與人的距離也近一些，男生們握手寒暄，與女生打招呼則是擁抱加上貼一次臉頰，這種熱度是直接暖進心窩裡頭的。

第一週住在寄宿家庭，房子座落在村子的最頂端，爬上屋頂遠眺美景盡收眼底，但是這裡是距離學校與鎮上最遠的地方，每次回家都要爬好長一段斜坡，有一天出門三次爬了三次坡。

除了西語課程以外，學校每週二、四晚上安排文化分享活動，在週二的課後活動上認識了瑞典女孩安娜，活動結束後安娜在門口等我，一起走一段路，也帶我參觀她的住所。

安娜說：「我也一個人旅行，感覺與妳滿投緣的。」認識新朋友，總有一位要先跨出第一步，有時候是你，有時候是她，於是安娜成了我在中美洲的第二位朋友。

遇見安娜時她三十八歲，某一次旅行認識了阿根廷男子塞巴，兩人墜入愛河，回國賣掉了在瑞典的資產，帶著一生的積蓄來到拉丁美洲，準備與愛人長相廝守。他們計畫從墨西哥一路玩到阿根廷，然後買一艘船，偶爾帶客人出海潛水。這種為愛走天涯的故事，不管聽了幾次都覺得浪漫到無以復加。

前往The Wild Rover的
路上有滿滿的壁畫。

　　我們倆常到湖邊曬太陽、游泳、彈彈烏克麗麗，就
這樣過一個下午。這一天是週末夜，我們相約出去喝一
杯，兩個初到此地的菜鳥在路上閒晃找尋好去處，聽見
音樂就靠過去。這小鎮城非常迷你，餐廳酒吧全都座落
在兩條街上，不出二十分鐘就可以走完全程。

　　跟著音樂，我們來到巷弄裡的一家酒吧「The Wild
Rover」，窗戶看進去有一個正在演奏的樂團，三坪大
的舞臺前方有一個小舞池，一走進這兒就被音樂的熱情
感染。樂團的主唱英語西語交錯著與大家聊著。

　　「歡迎來到聖佩德羅，我們叫Filantorpia，由拉
丁美洲音樂家組成的樂團，我是團長麥斯，每週三次在
The Wild Rover演奏，與大家分享音樂的美好，歡迎喜
歡音樂的朋友一同來參與。」

The Wild Rover
夜夜笙歌

聖佩德羅的城區分兩部分，一個是當地人的活動範圍，在小山丘上的教堂周邊，學校、菜市場、商家都聚集在這區域。阿蒂特蘭湖周邊村落因為地形崎嶇，與外界溝通不易，居民至今仍延續著傳統馬雅文化習俗，走在路上依舊可看見婦女們都穿著馬雅服飾，城區的裁縫店裡賣的也都是馬雅服飾，紅黃藍綠色彩繽紛。

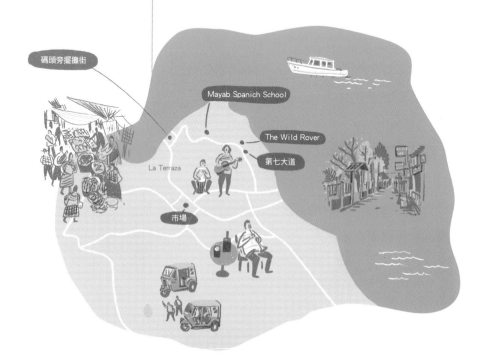

碼頭旁擺攤街

Mayab Spanich School

The Wild Rover

第七大道

La Terraza

市場

而外國旅人多聚集在湖畔周圍，許多餐廳與民宿都開在這區域，可以邊用餐邊欣賞湖畔景色。中間有一條蜿蜒小巷連接兩個碼頭，我們稱之為第七大道（The 7th Avenue）裡頭餐廳一間接著一間，密集卻不令人感覺擁擠。各家餐廳都在不同時段推出促銷活動，有趣的是，當地人還用非常古老的宣傳方式，寫在門口以及發傳單。週末早午餐吃到飽、漢堡套餐買一送一，真要認真找，每天都能找到促銷活動。

　　其中，我最常去的就是The Wild Rover，「每週四漢堡買一送一」（Burger Thursday, 2 for 1）。

聖佩德羅碼頭附近穿馬雅傳統服飾賣布的婦女。

The Wild Rover白天是餐廳，晚上樂團進駐就成了酒吧。原先叫 The Buddha Bar，現在還有很多人這麼叫它，當時的老闆是一位英國人，因為愛喝酒，常常喝醉了就跟客人挑釁、打架，鬧事的頻率越來越高，後來村民聯手把他趕了出去。

現在的經營者是一位愛爾蘭人，雇用當地人管理，偶爾也有幾位長住在這的旅人來打工，時薪GTQ10（NTD40）上班日含餐食與酒水。

老闆平時恬靜淡定，總是在一旁默默地做事，觀察店裡頭的狀況。他與演奏樂團之間有驚人的默契，不需要語言溝通，必要時候一個眼神、一個手勢就能把氣氛帶到高潮。住在這的四個月裡，來這裡消費數十次，每一次都非常盡興，唯一的缺點是休息時間太早。

村裡有一項規定，為維護村莊的安寧，半夜十二點以後任何餐廳、酒吧都必須休息，每天到了半夜，警察先生會出來管秩序，要你早點回家別喝了。在聖佩德羅，平常很難看見警察，白天大家都照著自己的步調做事，沒什麼亂象，倒是在晚上，好像全鎮的警察都出來了，半夜十二點一到就聚集在各大酒吧疏散人群。

The Wild Rover餐酒館的現場演奏。

The Wild Rover在晚上十一點半開始發放外帶杯，把手中還沒喝完的飲品倒入塑膠杯裡，十二點一到準時趕客人。在其他國家，十二點氣氛正嗨，大家都在興頭上就要被趕回家。

有什麼方法解套嗎？

有一回我見識到了After Party。離開The Wild Rover以後，跟著人群到另一個「地下酒吧」，並不是在地下室的酒吧，而是私人營業所，必須由認識的人帶才允許進入。怕引來警察，裡面的音樂也不敢放得太大聲，酒客們互相提醒不要大聲喧嘩，我們跟一大堆認識的、不認識的人一起喝酒，看著大家酩酊大醉還要強忍住笑意輕聲說話，真是我見過最好笑的畫面了。

Filantorpia樂團小胖弟
Chewy賣力地吹奏黑管。

　　進到裡頭就知道為什麼不公開營業，每隔
兩分鐘就有一個人走過來在你耳邊說：Coca
（Cocaine古柯鹼）？Weed（大麻）？Marijuana
（大麻）？拉丁美洲一直以來都是毒品猖獗的地
方，即使是天堂般的小鎮，也有毒品推波助瀾，
這一點在法律上是灰色地帶，我想這是一個公開
的祕密，小量持有或販售都不是太嚴重的事，真
的被抓到也是勸導或幾千元罰鍰，沒聽說有被關
的。

The Wild Rover餐酒
館的現場演奏。

　　這些我都是聽説，一方面西語程度不夠好，常常產
生美麗的誤會，每當有人問我要不要Coca，我都會回：
不需要（可樂Coke），我有啤酒了。他們也許心想：不
知道這位亞洲姑娘是真傻還是假傻？

　　第一次的After Party認識了法國男子艾力，也在地
下酒吧認識了藥頭巴布羅，只要你想得到的商品，他都
能給你弄來。巴布羅四肢短小、眼神渙散，看起來就不
像是個老實人。除了幾次在街上碰見打聲招呼，我們幾
乎沒有交集，因為我只需要一瓶啤酒就可以嗨，對於這
些很貴的毒品我一點興趣都沒有。艾力倒是常與他聯
繫，他每天都需要大麻來控制情緒。後來我也發現，艾
力有很嚴重的心理疾病，否則，在聖佩德羅這麼輕鬆舒
適的環境下，到底有什麼負面情緒需要舒緩的？

　　After Party通常是不歡而散，到裡面才十分鐘警察就
進來趕人了。我們跟著一群人來到Filantorpia樂團團長麥
斯住宿的公寓，依舊是輕聲細語地説話，麥斯手持吉他輕
輕刷著歡樂的曲目，大家瞎聊一陣子後也就散去了。

#3

現代遊牧民族
露易莎

我與安娜進到The Wild Rover，挑了一個靠牆的位置坐著，不一會酒吧就擠滿了人潮，旁邊一對情侶詢問是否能一起坐，於是我們攀談了起來。

「你從哪裡來的？」

「你要去哪裡？」

「預備在這裡待多久？」

這是旅人初次見面最常問的問題，找一些不著邊際的問題來破冰。

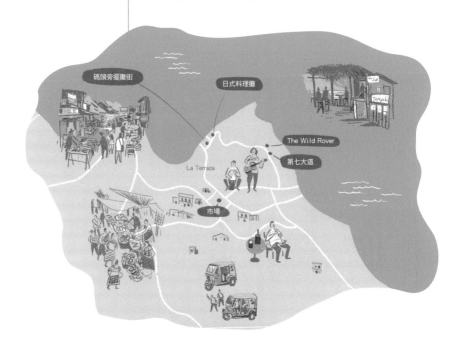

碼頭旁擺攤街　　日式料理攤

The Wild Rover

第七大道

La Terraza

市場

「我來自臺灣。」我說。

「天啊！我超愛臺灣，我在那住了九個月學習中文……」露易莎一聽見臺灣眼睛一亮，抓著我嘩啦嘩啦興奮地說起中文。我也好久沒說中文，一時之間有點生疏了。

露易莎的男朋友米奎說：「她真的超愛臺灣，常常跟我提起那段日子。」

我們聊了臺灣的景點與美食，他鄉遇故知，我也挺開心的，離家幾個月了，聽見中文突然有股思鄉情懷。鎮上有一間從來沒開過的中國餐廳；在拉丁美洲居住的七個月，遇見過一個臺灣家庭，爸爸是外交官員外派來到瓜地馬拉；在宏都拉斯的小鎮科潘，撞見一團臺灣旅行團——除此之外，沒有任何家鄉的蛛絲馬跡。

米奎是墨西哥人，他倆在旅行時相識（又是一個為愛走天涯的故事！），現在，每年有一半日子在墨西哥，另一半日子在瓜地馬拉聖佩德羅，靠擺攤賣首飾維生。聖佩德羅像他們這樣在街上擺攤的不在少數，一個小桌子、或甚至只要一塊毯子，上面擺滿自製的手工藝品，就是一個小生意，不需要申請執照，當地政府或自治會也不管這些，只要不添亂子，為在地文化增添一些多元性也是挺好的。

碼頭邊的攤位，許多旅人帶著材料在路旁編織。

碼頭走上來，左邊那條是最熱門的擺攤區，他們總把攤位擺在一家服飾店前面，他們說：「這是我朋友的服飾店。」在聖佩德羅，幾乎每個人都是朋友。

　　我沒事便到他們攤位上走走聊兩句。「不趕時間就待一會吧。」米奎總是這麼說。

　　旁邊的階梯上，三三兩兩坐著幾個人，有些是隔壁攤位的，有些像我，是路過的朋友。米奎擺攤時會帶上他的吉他與口琴，興致一來便與朋友彈奏兩曲，這時候露易莎會從口袋拿出她的沙蛋，分我一個，一起為米奎伴奏，我們常常說說笑笑就這樣過了一個下午，賣出多少東西不重要，重要的是今天過得充實而愉快。

　　除了米奎以外，路上也常會看見背著樂器的人，大部分是吉他，有時是薩克斯風或黑管，他們就這樣走著，遇見朋友就在路邊席地而坐聊聊，彈奏一兩曲，盡興了或是天色晚了就各自離去。

聖佩德羅路邊的日式料理攤。
老闆是日本來的嬉皮，三天兩
頭關店休息，這裡可以吃到瓜
地馬拉少有的Q彈米飯。

旁邊一家日式小攤，來了兩週沒見過他營業，那天路過看見老闆和幾位朋友坐在攤位前面。

「今天營業嗎？」我問，好久沒吃到亞洲菜了。

「我休息三個星期，下週會開始營業。不趕時間可以待一會聊聊天。」老闆這麼說，一邊與我介紹他的樂器。

老闆是位地道的日本人，也是鎮上少見的亞洲人之一，戴著畫家帽蓄一點鬍渣，確實有些藝術家氣息。當年旅行路過這兒，覺得舒服就住下了，到現在已經住了三年，於是賣點吃的，生活簡單清幽。

　　認識了這幾個擺攤的朋友，一度我也想加入他們，翻出隨身攜帶的文房四寶，在家練習了幾次就出門擺攤了。我的攤位在露易莎的首飾攤旁邊，牆上夾滿我的字畫，然後取水磨墨，煞有其事地寫起書法。路過的人潮也不少，有新鮮事大家總會停下來看看。

　　從前的遊牧民族逐水草而居，現代的遊牧民族跟著心的方向走，今天的收入夠我今天的花費就好，你問他有多少存款？你問他未來什麼打算？他覺得我們有太多擔憂，**現代遊牧民族不為了未來而活，他們活在當下。**

　　我的字畫攤就出現了那麼一次，我想，我是還沒準備好當個遊牧民族。

冒險
獨木舟

　　到聖佩德羅幾週後，安地瓜認識的傑哥也來
了。為了盡地主之誼，我帶他到路邊最實惠的烤
肉攤，爾後一起到The Wild Rover聽麥斯的樂團
現場演奏，也介紹幾位朋友給傑哥。

　　相約隔天與露易莎、米奎、安娜一同去划獨
木舟，離開前米奎特別說明：「早上八點集合，
不過不用太嚴格，以瓜地馬拉或墨西哥的標準，

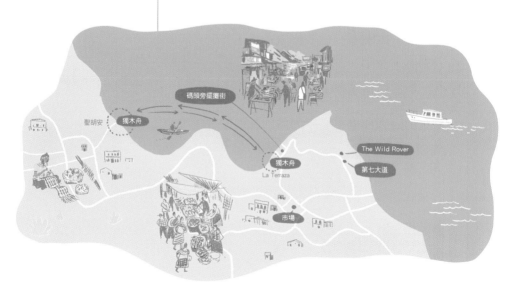

聖胡安　獨木舟　碼頭旁擺攤街　獨木舟　La Terraza　The Wild Rover　第七大道　市場

意思是有十分鐘的寬限，我們動作慢可能會遲一點，你們也可以遲一點，好嗎？」

露易莎對我們眨眨眼說：「八點十分見。」

聖佩德羅在湖的西邊，早上天氣晴朗適合戶外活動，下午開始會吹東風，很多觀光客來到這兒，興高采烈地划獨木舟，玩到下午結果回不來，要不在對岸住一晚，要不就讓渡船載了回來。米奎這麼說，雖然是暫居於此，他們也算是半個在地人了。

傑哥第一次划獨木舟
非常緊張。

在湖邊與米奎的朋友租了獨木舟往湖裡去，第一站是距離聖佩德羅最近的村莊聖胡安（San Juan la Laguna），步行繞過小山丘約四十分鐘可到達聖胡安，獨木舟繞過湖中間的捕魚網，也差不多四十分鐘。我們把獨木舟停在碼頭邊，上去晃晃。

聖胡安比聖佩德羅要小得多，碼頭延伸上去150公尺是主要的觀光街，不論平假日都很安靜。這兒是世界碩果僅存出產棕色棉花的地方，當地人還用傳統的方式種植、採集與製作，路邊的小店裡有婦女在編織著衣服。

米奎帶我們到他朋友的店裡喝咖啡，拉美人對時間的定義不同，對朋友的定義也不同，在臺灣我們習慣的打招呼用語是「吃飽了嗎？」，在拉丁美洲他們說「Hola! Mi Amigo!」（哈囉！我的朋友！），即使是初次見面也用「朋友」稱呼，來到這兒幾週，也被他們的熱情所感染。

拉丁美洲各國都是咖啡產區，路邊就能看到野生的咖啡樹，產地現磨現煮，格外新鮮美味。

喝完咖啡我們再度啟程往對岸的大石頭划去，這是米奎發現的祕境，大石頭旁有一小塊淺

聖胡安擁有世界上碩果僅存的自然棕色棉花。

灘容易泊船，周圍的湖水水質清澈，深度夠可供跳水。大石頭上方是一個豪華住宅，偶爾三五隻鳥兒飛過，卻不見個人影。

米奎說：「退休了在這買間房子也不錯。」

游泳戲水玩，大家不約而同的把身上帶的食物通通翻出來，露易莎帶了一塊蛋糕、我帶兩顆蘋果、傑哥帶了一根香蕉、安娜拿出兩顆橘子，所有的食物均分成五等分，大家共同享用，美景當前又有好朋友陪伴，到底吃了什麼？衛不衛生？完全不重要。

由左到右：露易莎、米奎、
傑哥、安娜。

「大家別動，有螞蟻！」米奎拿著吃剩的蛋
糕屑屑放在螞蟻行走的路徑上。「你們知道嗎？
一隻螞蟻可以搬運的重量是他自己體重的五千
倍，真是非常驚人啊！以人類的標準來看，就是
超人了！我們來看看牠們要搬去哪兒？」

看著米奎專注的觀察螞蟻，我心中一陣感
動，我們看到螞蟻與看到蟑螂的反應沒兩樣，要
不撲殺要不驅趕，彷彿萬物都繞著我們打轉，拉
丁美洲人崇尚自然、尊重萬事萬物，從小細節可
見一斑。

划獨木舟到對岸的大石頭，身後是聖佩德羅火山。

傑克船長的
真心

在米奎的攤位上，我認識了胡安，由於他外型貌似神鬼奇航的傑克船長，我都稱他為傑克。他是瓜地馬拉市的麵包師傅，因為不喜歡城市的吵雜，搬到聖佩德羅已經兩年了，這陣子是觀光淡季，麵包銷路不佳，就在朋友的攤位幫忙。

我對他印象非常深刻，他總是穿著寬大破洞的飛鼠褲，色彩繽紛卻破舊的開襟襯衫，背著拉鍊不知道壞了幾年的破背包，身上披披掛掛一大堆裝飾品，就是個嬉皮樣。

傑克有種很穩定的磁場，在他身邊總感覺特別舒服，那天我坐在階梯上聽著米奎的即興演奏，恰巧傑克坐我身邊，就聊上兩句，他一句英文也不懂，我拿出學習了一週的西語來與他練習，我們就這樣有一搭沒一搭的，也聊了好一陣子。

碼頭旁擺攤街

La Terraza

第七大道

市場

San Pedro EcoPark

「Te gustar la musica? Tu tocas musica tambien?」（你喜歡音樂嗎？你也玩音樂嗎？）我問。

「No toco music, soy panadero.」（我不會玩音樂，我是麵包師傅。）

Panadero（麵包師傅）、Panaderia（麵包店），恰巧今天上課學到這兩個單字。

一天傍晚在街上遇到傑克，他剛幫朋友整理完攤位，牽著腳踏車要回家。上回我們聊到馬雅曆與馬雅料理，於是他順勢邀請我到他家作客。

我跟在他身旁，牽著他破舊的腳踏車，經過聖地牙哥碼頭，往旁邊的岔路走去，一路上傑克停下來好多次，詢問商家是否有賣玉米薄餅（Tortilla），問了幾間都失敗，於是買了幾個麵包當主食。阿蒂特蘭湖區周圍是玉米產地，玉米薄餅是他們的主食，幾乎在每一餐都會出現，就像我們的主食是米飯或麵食，少了主食好像就吃不飽。

　　我們牽著腳踏車繼續往郊區走，路上越來越暗，我心中開始有些擔憂，不知道還要走多遠？不知道他家裡長什麼樣子？住了多少人？大約走了十五分鐘，傑克在一個民宿旁邊的小巷子左轉，我們走進了一大片田裡，他把腳踏車停在田邊，帶著我穿過一條小徑抵達湖邊的一個小屋子。屋子正對著湖，即使在晚上依然可以感受到環境的清幽。

　　到家才發現停電了，傑克急忙點著蠟燭找食材，在昏暗之下依稀可以看見家裡的擺設，二十坪大的屋子隔成兩間，客廳與廚房共用一個空間，旁邊閒置著好幾個烤箱與放麵包的架子，裡面是臥室，地上擺了一個床墊，旁邊一堆衣服，除了必要的生財工具以外，沒有任何傢俱。

　　沒買到玉米薄餅，停電了、找不到柴火，傑克面帶尷尬的說：「今天沒辦法開伙了。」家裡住得遠，難得有客人來訪，卻是這麼烏龍的一

市場裡可以買到新鮮
現做的玉米薄餅，白
色是原味，黑色是我
最喜歡的竹炭口味。

玉米薄餅，瓜地馬拉的傳統料理，一樣肉品搭配豆泥、米飯與玉米薄
餅，缺一不可。

入夜之前停電了，萬籟俱寂，原本寧靜的村莊顯得更加寧靜。

天。湖區停電是常有的事，從幾分鐘到幾小時都有，雖然不方便大家也都習以為常。我喜歡在停電時從陽臺眺望一片漆黑的小鎮，偶爾有零星的光點，往遠方望去，看看其他的村落是否也與我們一樣，享受著漆黑裡的寧靜。

關了燈才能看見滿天繁星，我們坐在湖邊，一人一塊麵包、一根香蕉，搭配酪梨洋蔥泥與檸檬汁，望著星空吃美味佳餚。閒話家常，聊家庭、聊朋友、聊自己的國家……，聊到宗教，傑克說他是自然教派，崇尚大自然的力量。

拉丁美洲各國都曾被西班牙殖民多年，大部分人口都信奉天主教，隨處可見教會唱詩歌闡述教義，像傑克這樣不信天主教也不上教堂的比例極少，他說他信奉大自然。接著開始聊起馬雅教

博物館裡的馬雅曆，最內圈從左上馬雅數字一逆時針運轉，對應外圈的十三個月亮。

與馬雅曆，其實我對馬雅文明一無所知，傑克從房間裡拿出兩本書，一本是馬雅曆，一本是解說本，兩相對照可以用生辰找出命格。這是我第一次接觸馬雅曆，雖然我倆語言不通，能夠理解的部分非常有限，但他對馬雅曆的熱忱引發我的興趣。

不過，這是我們第一次也是最後一次長時間的獨處，爾後常常在路上遇見，他總問我：「西語學得怎麼樣了？」他的擁抱有一股強烈的情感，溫暖而不帶侵略性。三十八歲的他，離婚、有三個孩子，對於感情他的表達很保守，每次遇見，我能看見他的眼中閃爍的小星星。

常常想起那個滿天星空的夜晚，還有那個家徒四壁的小屋子，總以為自己物慾低可以過非常簡樸的生活，但當有一個簡樸的男子捧著真心在我面前，我卻退縮了。

85

最快樂的
靈魂

以麥斯為首的樂團名為Filantorpia，團員約有
十位，團長麥斯為鼓手，主唱Pancho、吉他手卡
貝拉與荷西、貝斯手大衛、黑管手Chewy、薩克斯
風手卡洛斯、電吉他手沙瓦以及他女友鼓手蘿茜。

除了Filantorpia以外，聖佩德羅尚有其他
五個樂團，都是以上這十來位音樂家以不同排列
組合組成的，每個樂團曲風不同，龐克、雷鬼、
電音、搖滾……確切哪些人屬於哪一個樂團，我
從來都沒搞懂過，我只知道，任何時段在任何酒
吧，只要有這一群人在，就能有好音樂。

麥斯的樂團照,從左到右為沙瓦、蘿茜、麥斯與卡貝拉。

　　The Wild Rover每週一舉行Open Mic,由團長麥斯主持,邀請在場喜歡音樂的朋友一起上臺玩玩音樂高歌一曲,只要上臺表演的都可以得到免費調酒。我特別喜歡週一來這裡,因為這一天總是充滿驚喜。

　　這裡的音樂不分國界,也沒有年齡限制,常常可以看到一家三口一起來的,六、七十歲的長青族也大有人在。這一天氣氛特別好,有一位五十歲微胖的阿嬤,穿著馬雅傳統服飾,跟她的男伴一扭一扭地跳著舞,趁勢轉身拉著旁邊的澳洲帥哥大跳豔舞,年輕小伙子也毫不羞澀,配合著擺動起來。

　　為了吸引大家上臺,樂團裡的每一位樂手都會輪流當主唱,製造一種豐富多元的氛圍,我特別喜歡他們在演唱前與大家說話的樣貌,雖然有時候僅僅是羞澀地說一句話「接下來要演奏的是Guatemaya」,但從他的表情、神態、以及說話的語氣,已經傳遞了背後的種種故事。

這兒的酒吧有一種難以拒絕的親和力，第一次我們躲在牆角，靜靜地陶醉在他們的音樂裡；第二次一進門，臺上的樂手都與我微笑示意，彷彿說著：「我記得你上次來過，歡迎回來！」；第三次與朋友來訪，樂手們過來熱情擁抱與我們攀談。聖佩德羅是個很小的地方，常出來走動的人也就這一小撮，**總以為我不過是眾多的過客之一，原來，對他們而言，每一個過客都同等重要。**

我們與樂手們成為好朋友，時不時在路上遇見，他們總會給一個大擁抱，「Hi Eva! What are you up to?」鎮上有任何活動，他們也都熱情邀約。

幾週後，安娜與傑哥分別離去，他們不只一次問我何時離開，我說：「我被音樂綁架了，走不了。」

地下酒吧認識的好朋友艾力與麥斯住同一個公寓，我也常到他們住所走動，坐在陽臺上就能

麥斯與樂團現的現場演出。

聽見他們排練，偶爾也下樓與他們聊聊。有一次麥斯與我們分享他的故事，他說他以前住在城市裡，也是個朝九晚五的上班族，他總是夢想著要玩樂團，於是在七、八年前開始學吉他、學打鼓，然後一步步組成了自己的樂團，現在的工作是在不同的酒吧演奏，偶爾也受邀出席音樂祭，這一切就像是活在夢裡一般，生活快樂而充實。

「I'm so happy! I'm living in my dream!」麥斯是我見過世界上最快樂的靈魂。

幾個月後，他與幾位朋友到宏都拉斯旅行，白天潛水，晚上到酒吧演奏，麥斯在網上分享他的旅程，他寫道：「How am I gonna get bored of this life when I wake up to this everyday and just do what we love in paradise!」

人生至此，夫復何求。

麥斯的笑容深深的印在我腦中，每次只要想起聖佩德羅，總少不了他的開懷大笑。以前我總懷疑，真有天堂這麼個地方嗎？天堂裡住著什麼樣的人？當我來到聖佩德羅，我知道如果真有天堂，一定是這兒了。

89

樓下的
房客

在寄宿家庭住了一週後，我打算搬出去找房子住。週六那天安娜來找我吃早餐，我們一起從山丘頂端穿越市場走到湖區，經過Hotel San Francisco的巷口時我往裡頭看，一位中年老先生坐在門口。

「在找民宿嗎？要不要看看房間？」他給人一種很舒服的感覺，我心想看看也無妨。

La Terraza

第七大道

市場

Hotel San Francisco

民宿外觀。我住在二樓，房間有一個超大落地窗，窗簾拉開就可以看到阿蒂特
蘭湖。

進門推開第二個房間，裡面一張大床、一個桌子、色彩繽紛的牆上有兩排木製架子，超大的落地窗正對著阿蒂特蘭湖，簡單活潑的風格，我一見傾心。

　　「這一晚多少錢？」強壓住心中的歡喜，我提問。

　　「一晚瓜幣30元。」老闆回覆。臺幣約120元一晚，比之前問過的都還便宜。

　　「長住能夠打折嗎？我打算住兩週。」

　　「住兩週的話，每晚算你瓜幣25元就好。」

　　我跟老闆說，我們吃過飯再回來。

　　「我下午會出去一會兒，你若是回來沒有人在，就自己進去吧！我把鑰匙插在門上。」

　　看過這間民宿後我心裡一直惦記著它，也許是老闆親切和藹的神情，也許是牆上繽紛的壁畫，也許是落地窗外的湖景。

　　數小時後我帶著大背包回來，沒有人在，鑰匙果然就插在那，我推開門就進去躺下了，好像這本來就是我的房間。

　　十幾分鐘後老闆回來了，從門縫往房裡看，開門時與我擊掌表示歡迎入住，令人感覺特別窩心。

常常有人問我：「旅行時如果語言不好要怎麼溝通？」旅行後發現不需要太拘泥於於語言，很多時候溝通是不需要語言的，一個眼神、一個動作就能夠了解彼此。老闆一句英語也不會，而我只會非常簡單的幾句西語，我們卻足以達成默契。

　　這是一間很小的民宿，三層樓共六個房間，住在這兒的時間裡，只有樓上一位美國人長住，樓下偶爾來幾位短租的住客，其餘時間都是我喜歡的寧靜。

　　老闆叫薩爾瓦多，是一位小學老師，沒課的時候，就被老婆命令要坐在門口招攬客人帶看房間，偶爾，也看到兩個跟他長得一模一樣的小孫子拉著他上樓放風箏，慈祥的爺爺老是被欺負，看起來卻無比快樂。這種簡單的幸福深深打動了我。

　　有一天，樓下搬來一位哥倫比亞男子卡米洛，常半裸著上身走來走去，聖佩德羅白天日照旺盛，氣候不濕不熱，裸上身在街上走的男子非常多，但多半是小胖子或排骨酥，像卡米洛這種肌肉男是真的不常見，傳言說哥倫比亞人體格好、相貌好，果然是百聞不如一見。

　　那天下午我在房裡撥弄著我的烏克麗麗，突然聽見敲門聲。

「妳知道老闆他們去哪了嗎？我把鑰匙忘在房裡進不去了。」卡米洛問。

　　「他們下午常常都不在，隔壁是他們親戚開的，要不你到隔壁去看一下。」

　　那是我們第一次交談，當時我的房門是敞開著的，卡米洛很自在地走了進來，然後在我的床上躺下了。

　　「走了一個上午有點累了，借我躺會兒。」

　　哥倫比亞與臺灣，一個在南美洲最北邊，一個在東亞的正中央，文化大相逕庭，人與人之間的距離也有不同的定義。儘管我心中有一個超大驚嘆號，以及與驚嘆號同等尺寸的黑人大問號，我依舊不動聲色。坐在同一張床上感覺有點太親膩了，於是拉了張椅子在旁邊坐下，繼續撥弄著我的烏克麗麗。

　　我心中呢喃著：「他應該是我遇見過最自在的人了吧！」在臺灣只有非常要好的朋友會這麼堂而皇之進到別人的閨房裡躺下。

　　我們有一搭沒一搭地聊著天，卡米洛以前當過模特兒，但是演藝圈人際關係虛假複雜，他做

了一陣子就離開了，由於喜歡運動也喜歡大自然，後來
在哥倫比亞北邊當潛水教練，他滑開手機，給我看了幾
位「女朋友」的照片。

在東南亞，很多獨自旅行的男子會在當地找一個女
伴，通常在海邊、街上或在酒吧裡，有年輕漂亮的女子
過來攀談，問你會在這兒待多久，需不需要人陪。

聽說在熱情奔放的拉丁美洲也盛行此風，特別是在沿
海或島嶼國家，而且性別不拘，男子身邊有年輕姑娘陪伴
的很正常，很多北美洲來旅行的熟女，就在當地遇見了一
位身材壯碩的海灘男孩，一起度過一段美好的時光。我聽
著卡米洛說著他的愛情故事，心裡頭浮現了海灘的畫面。

聖佩德羅火山。

　　過了好一段時間，老闆依舊不見人影，卡米洛時而放空時而滑滑手機。他把手機拿給我，上面用谷歌翻譯了一段話：「我從來沒有與亞洲女人做愛，對此非常好奇，妳願意跟我做愛嗎？」

　　看到這段話，差點沒從椅子上摔下來，我淡定地回覆他：「謝謝你，我目前沒有這方面的需求，有需要會告訴你。」拉丁美洲人對於性的觀念很開放，這一點我早有耳聞，第一次交談就開口求愛，還真是少有的經驗。

　　被我拒絕後，他依舊一派自然地躺在我床上，好像什麼都沒發生過。我想也許他從來沒被

拒絕過吧！誰會拒絕一位外型姣好身材偉岸的男子？

不記得他什麼時候回房間的，後來再遇見，有時在街上，有時在民宿裡，也都像熟識的朋友一般交談。好幾次被他強拉著去吃早午餐：「走啦！我知道有一家餐廳不錯，我們一起去。」完全不介意我曾經拒絕過他，真的是我見過最自在的人了。

卡米洛正在進行人生中的壯遊年，從哥倫比亞來到中美洲後，過些時日看他跑到歐洲去了，身邊多了一位金髮碧眼年約四十的女子。不知道去了歐洲以後，嘗過亞洲菜了沒有？

嬉皮人生，
沒有明天的日子

在亞洲旅行，常常遇見長途旅行的背包客，選定一個國家，在國與國、城市與鄉鎮之間漫遊，旅程往往介於三個月到一年。而在拉丁美洲，特別是在聖佩德羅這種充滿靈性的小地方，我遇見的更多是沒有目標、沒有方向、旅程沒有終點的流浪旅人。艾力也是其中之一。

艾力來自法國，沉靜斯文，眼神裡總帶點憂鬱。

「你打算待多久？」

「沒計畫，我想先學好西班牙語再到南美去。」

只有流浪旅人才會了解為什麼流浪。計畫待多久？下一站去哪？當我聽見「不知道」、「沒計畫」等等回覆，心中總會浮現一個大微笑。

我們生長的環境總要求人生要有所規劃，設定目標然後認真執行，不管是朋友聊天、家庭聚會、到公司面試，甚至在夜深人靜面對自己時，「對未

艾力家的大陽台,是我們的舒適圈。白天時我們會把床墊搬出來,或坐或躺,
偶爾躲在房間裡看科幻片。

來有什麼打算？」這個問題一定會出現。於是我們想好一套説詞來應付發問的人，也對自己交代，但這些冠冕堂皇的規劃，有多少是真正被執行的？這些藉口是要説給誰聽？

在聖佩德羅，流浪不需要理由。

我們很快就變成好朋友，因為我們同病相憐。在家鄉找不到的歸屬感，以為自我放逐就不再需要也沒有藉口尋求溫暖，到頭來，我們只是在不同的時空裡，找尋靈魂的同溫層。

我們選擇在這個時刻暫停人生，放下生命中的所有，背著背包來到一個語言不通文化迥異的地方，用另一種方式呈現自我。

放下一切遠走他鄉，需要很大的勇氣吧？
我始終感覺留下來的人需要更多勇氣，隻身離去我只需要對我一個人負責，留下來的人需要對整個國家社會負責。

你在逃避嗎？這是一種逃避嗎？
也許是逃避，也許是休息，也許，只是試著找尋生命的另一種可能。

「別離我太近，我是個複雜的人。」第二次

見面艾力這麼對我說。那天我們看了一部生態紀錄片，他說，這個世界生病了，我們必須要改變它；他說，人類正在以不可思議的速度摧毀地球，我們必須要阻止這一切。

你相信一個人可以改變世界嗎？

這一切聽起來多麼荒謬而可笑，我卻是深信不疑，不是相信他或我能夠彈指之間就改變世界，而是認為我們能夠、也必須改變世界。

艾力的英國朋友尼克不久後也來到這，我們很快組成一個三人同溫小組，時間一到就聚集在艾力的公寓裡，天馬行空地瞎聊，各自發表著要如何改變這個世界，偶爾寫寫書法畫畫，晚上關在房裡看大量的科幻片、紀錄片，我們三個幾乎形影不離，只有吃飯時間才出門看看這個世界。一開始還討論一點西語，後來大家都懶了，溝通上全都使用英語。

這世界改變了嗎？

世界每分每秒都在改變，沒有因為我們的紙上談兵而變得更多或更少，拯救世界最終只是空談。

這樣的日子過了好幾週，我們稱之為「黑洞時期」。

在黑洞裡，時間的概念不存在，沒有平日或假日，昨天、今天與明天，晴天、陰天或雨天，都沒有分別，好像真的置身於天堂，沒有爭吵，只有快樂。

聖佩德羅前往隔壁村落聖胡安的泥土路。

每天走路回家時我總自問：「這樣的日子還要過多久……我是為了什麼來拉丁美洲？」這樣的念頭每天都出現幾次，隔天起床又乖乖去報到了。

艾力與尼克都是大麻的重度使用者，這個習慣從他們在泰國就開始了，大麻分為很多種，白天抽讓人放鬆快樂的，晚上抽幫助睡眠的。這不是我第一次嘗試，卻是使用時間最長的一段日子。

除了改變世界外，我們最常聊的話題是：「什麼時候離開聖佩德羅？下一站去哪？」

尼克有一張回程機票，十二月底從哥倫比亞飛回倫敦，艾力的中程計畫是到哥倫比亞找一個薩滿治病，而我想在離開瓜地馬拉之前去一趟北部蒂卡爾（Tikal）的馬雅遺址。三個人三種計畫，看起來不在一條線上。

每天朝夕相處了這麼久，真要分開似乎也挺不捨的，於是大家就這麼耗著，隨著這個話題被提起的頻率越來越高，終於有一天，尼克說：「我決定跟你們去蒂卡爾，回程機票我改從貝里斯飛。」

旅程總是有終點的，聖佩德羅提供一個休憩所，待身心靈都充飽電以後再次上路，有時候走在路上發現好久沒遇見某個朋友了，一問之下發現他到其他國家旅行去了，最後，我們也成為離開的那個人。在聖佩德羅人們不說再見，因為，也許有一天，我們會再次相見。

我想，我們都會想念這裡。

03 Chapter

拋下安逸再上路
放浪・中美洲

離開聖佩德羅的日常，

跨出舒適圈，

再次展開冒險旅程。

Central America

#1

Voice of the Lake
湖邊音樂祭

在聖佩德羅的日子裡，我們每天過著重複的生活，早上起床看看湖景、洗衣服、走路到市場看看今天有什麼新鮮蔬果，再繞到二手店翻找看有沒有不錯的衣服。下午烤個小蛋糕，然後帶到路上找朋友聊聊天練習西語。每週一到The Wilder Rover聽歌，每週四到酒吧吃買一送一的漢堡，生活簡單而愜意。

有一天拿到一張A6大小的傳單，上面寫著「Voice of the Lake, the yearly biggest music festival at Lake Atitalan」（湖區一年一度最大音樂祭）。這張傳單使平靜的聖佩德羅掀起一陣波瀾，雖然我對於麥斯樂團的音樂很滿意，既然名為最大的音樂祭，去看看也好。

我們相約在瑪莉安的住所，下午三點五十分，瑪莉安正在上睫毛膏，衣服還沒換、包包也沒整理。

聖佩德羅市場，人們的
衣著與蔬果同等繽紛。

　　「船班不是四點的嗎？我們該出門了吧！」我在心
裡嘀咕著，但我想瑪莉安是在地人，她說了算。

　　我們一夥人在三點五十七分出發，走到碼頭邊已經
四點了，瑪莉安說：「等我三十秒，我買包菸。」大概
是我們三位面露疑惑，瑪莉安說：「別擔心，這裡是瓜
地馬拉，船會等我們的……」

　　終於走到了碼頭，瑪莉安與船伕揮揮手示意：「我
們來了！」待我們一夥人都上船後，關櫃啟程。瓜國人
對於時間有不同的定義，這回我們領教到了。

　　這個音樂祭在湖區最大的小鎮—— 帕納哈切爾
（Pannajachel）舉行，坐船過去大概需要三十分鐘，遠
遠地就看見兩棟綠色的高樓，「哇！好進步的地方。」高
樓在瓜地馬拉各地都是極少見的。

107

下船後搭嘟嘟車，抵達會場已經五點了，門票瓜幣100元，買票後幫你掛上一只手環，我們興奮地四處晃晃，整個園區緊挨著湖岸，佔地一百多坪，分為三個舞臺，室內電音舞臺、戶外電音舞臺，還有草地現場演奏的靈魂樂。

　　為什麼有兩個電音舞臺？其實我不太理解，原本期待有精彩的樂團現場演出，所以當我聽到電音有點失望。舞臺上的DJ穿一件超級寬大的T-Shirt，戴著超大的耳機，陶醉在自己的音樂裡，舞臺下三三兩兩隨著音樂擺動。瑪莉安從售票口開始就不見人影，我與艾力、尼克在草地上，喝著美食區販售的不冰啤酒，就連唯一的現場演奏，在太陽下山以後也結束了。

　　美食區像是小學園遊會擺攤的規格，只有一攤店家，三明治在七點就賣完了，不冰的啤酒七點半也銷售一空，我們只能喝著來路不明的調酒。人潮不夠多，DJ氣氛帶不起來，大家只好猛喝酒，把自己灌醉也許音樂就順耳了。

　　「我想回去了。」尼克說完他就自己離去。我與艾力待了下來，既然都來了不如多耗一下，也許晚一點會有驚喜也說不定。

　　入夜後氣溫驟降，涼風陣陣從湖面吹過來。體感溫度大約十度，真後悔當時沒多帶一件衣

服，也開始後悔沒跟尼克一起回去，他現在應該是躺在溫暖的床上呼呼大睡吧！

這裡的音樂就這樣了，聽了五個小時後酒也醒得差不多了，這應該是不嗑藥嗨不起來的派對，可惜我們沒有，也不感興趣。我們決定放棄派對，到碼頭碰碰運氣，也許有私人船班可以回家。

碼頭一片漆黑，沒有人影也沒有船隻，我們倆找了一個可以擋風遮雨的小攤販，倚靠著彼此取暖，就這樣迷迷糊糊地睡去。期間被寒風冷醒幾次，顫抖著又繼續入夢。四點半天微微亮，零星幾位當地人走動，把街道喚醒了，我們搭乘清晨第一班船回到聖佩德羅，結束這一場鬧劇。

石灰岩洞穴
探險

　　音樂祭後我們終於下定決心離開聖佩德羅，買了隔天一早的車票。前往下一站：Semuc Champey，號稱瓜地馬拉九寨溝，此趟車程十小時。

　　早上七點我們帶著大包行李抵達碼頭，喝杯咖啡準備迎接一整天的硬戰，每次在瓜地馬拉移動，總會花上好長時間。果不其然，我們在碼頭等啊等，船長遲遲不開船，等著一個始終沒出現的乘客。過了四十分鐘，船長終於決定放棄，啟動馬達駛到對岸。抵達Panajachel後，我們又花了二十分鐘等待巴士，這一耽擱讓本來就遙遠的路程變得更加漫長。

墨西哥
貝里斯
Semuc Champey
瓜地馬拉
宏都拉斯
阿蒂特蘭湖
薩爾瓦多
尼加拉瓜
安地瓜
哥斯大黎加
巴拿馬

綠洲民宿，小木屋沿著步道往下走就到了溪邊，林蔭交錯非常漂亮。

　　拉丁美洲旅行可以磨練心志，在這裡，無止境的等待是一種常態，待久了我們也就習慣這樣的步調，只要耐心等候，車子總會出現，但是要給它足夠的時間，不能操之過急，否則苦的是自己。也許因為時間無法預估，所以沒辦法把計畫排得太緊密，在拉丁美洲旅行的步調都顯得特別緩慢。

　　終於等到所有乘客都到齊了，十八人座的麵包車居然塞了二十二個人，看旁邊的巴士每一輛車都塞得滿滿的，大家也懶得抱怨了，中美洲自由心證，不像臺灣有道路法規的約束，「只要能安全到達就好。」，我們心裡默念著。 巴士上的座位也是隨機安排，運氣好的人一路舒適，運氣差的被分配到通道上的小板凳，就得整路捧著自己的頭，蜷曲著身子祈禱儘早抵達。

我們一路向北駛去，途中小狀況連連，終於抵達蘭金（Lanquin：瓜地馬拉中部小鎮）時，太陽已下山好久了，四處一片漆黑，只有巴士站塞滿著人潮。 車子還未停妥，我們就被當地人包圍住，爭先恐後地介紹自己的民宿，看得我們眼花撩亂。各家民宿派出菁英在這等著，想必是有業績壓力，這是我在瓜地馬拉見過最積極的一群人。

　　每一家民宿都提供免費接駁車，也承諾可以到府參觀，看滿意再入住。經過一整天的折騰，我們只想早點休息，隨機選了一間綠洲民宿（Oasis Guesthouse），跨上他們的貨車來到溪邊的小木屋。民宿蓋在小山坡上，河水清澈見底，小木屋整齊精緻，非常漂亮。 硬體設備是好的，人員的服務卻糟透了，原來招攬住宿只是一個起始。才踏入民宿，櫃檯向我們推銷一日遊、確認晚餐餐點，態度十分強硬，在他們眼裡我們就像一群待宰的肥羊。

　　殊不知我們三個都是背包老手了，態度惡劣反而激發我們的戰鬥力，三人很有默契地站在同一陣線，就是不願多消費，看我們都沒有搭理，知道沒有油水可撈，民宿索性切掉網路、關熱水器，詢問資訊時更是百般刁難，隔天續住還惡意漲價，「住宿優惠價是要參加行程才有的，不參

加的話我們漲回原價，愛住不住隨便你們！」

於是，我們決定出門找尋替代方案。

參加一日遊其實是前往景區最簡單的方式，但是我們性格反骨，偏愛自己探索的刺激感。鎮上人煙稀少，加上我們三個人西語表達的詞彙又不多，花了一天時間打探消息，終於還是皇天不負苦心人，問到了在Semuc Champey景區旁的住宿Maria Guesthouse，透過鎮上的服務中心協助聯繫，請民宿派車來載我們。 坐在貨車後面往山裡去，十公里坑坑巴巴的山路，要開上半小時才到得了。 雖然這裡的住宿品質沒有綠洲民宿好，但房務人員從入住到離開都非常友善，主動提供資訊幫我們省了不少麻煩。

Semuc Champey有瓜國九寨溝之美稱，同為喀斯特地形（石灰岩），水中的碳酸鈣隨處漂流，凝聚形成不同的風貌，主要的參觀點有瀑布區與洞穴區。

　　安頓好之後我們先往洞穴區去，沿著河流往上游走，步行八分鐘就到了，民宿幫我們預訂了洞穴行程，他們説這山洞非常危險，依規定必須要由嚮導帶領，不允許遊客自行進入。本以為又是在地業者想剝削遊客的小手段，但行程一開始我們就完全心服口服了。

　　我們的嚮導叫阿布，在洞穴口一人發一根白色長蠟燭，驚險的洞穴行程就此展開。我在櫃台要了一件救生衣，其他人穿著泳衣就上路。尾隨著導遊爬上一條長長的石階梯到達山洞口，一群人拿著蠟燭行走在凹凸不平的石子路上，看起來荒謬無比。進入洞穴之前，導遊拿出火柴幫大家點蠟燭，山洞裡伸手不見五指，手上荒謬的長蠟燭是我們唯一的照明器。我心裡不禁想著，現在是21世紀了，還有人進山洞是點蠟燭的！？還有，火柴是怎麼回事？

石灰岩洞口，人手一支蠟燭緩步往下走。

往裡頭走四、五十公尺後水深滅頂，大家一手抓著蠟燭另一手划水游泳前進，此時我非常慶幸當時堅持要了一件救生衣，這樣划水前進省力許多。這個山洞寬約五公尺，兩旁佈滿形狀各異的鐘乳石，黑暗中只聽見遠處的瀑布嘩啦落下，一片漆黑之中，四處鴉雀無聲，只有崎嶇不平的地板伴隨著我們前進。

　　山洞有一股神祕感，練習在黑暗中找到方向，戰勝內心的小劇場，這也許是熱愛山洞者所追求的。然而，我卻完全感受不到任何驚喜，在我眼前的只有恐懼。幸好有同行的友人在前後協助，暗黑之中內心才稍微踏實一些。

　　我們就這樣走一段游一段，爬過兩三個瀑布，終點是最深處的一個小水潭。「想跳水的可以爬上來這個大石頭。」阿布說。所有人都躍躍欲試，只有我躲在最後面，這一段路程已經足夠嚇人了，跳水我想就免了吧！

　　回程阿布帶我們從另一條路下去，涉水而過、爬上石階，前方看不到明顯的路徑，我心想：「我們到底要去哪裡？」腳下是一個圓形的洞口，儼然像是一座小瀑布的頂端，也像是水上樂園的滑水道，我有不祥的預感……「從這邊滑下去！」阿布的語氣如此理所當然。

山洞裡三人拿著蠟燭照明，左為尼克、右為艾力。

　　山洞中黑壓壓的滑水道令人不寒而慄，即使心中有些許擔憂，但看到後面一整排人等著，似乎也沒有退路了。阿布在瀑布頂端接過我手中的蠟燭，我心中默念著世界上每一個宗教的禱告詞，鼓起勇氣一躍而下——先是腰部敲到石頭，跳下去後水深滅頂，直到救生衣產生浮力才浮上水面，被艾力一手撈上岸。僅僅幾秒的時間，卻好像一世紀這麼長。還驚魂未定，阿布馬上把蠟燭傳到我手中，艾力示意要我繼續往洞口游。

　　回程一樣得握著蠟燭爬上爬下，走一段游一段，我硬著頭皮完成了這一段荒唐的旅程。這是一個未經雕琢的原始山洞，除了外面的石階，洞穴內一切天然，雖然過程是步步驚魂，完成了以後卻也不由得愛上這樣的原始風貌。

#3

瓜國的
九寨溝

　　住在深山裡，住處的發電機每天傍晚六時至九時供電，附近沒有任何商店，所幸每個旅社都有餐廳，沒得選擇的情況下美味已經不是重點，能填飽肚子就好，連續三天我們都吃漢堡餐，因為它最便宜。吃完漢堡我們三個坐在門口閒聊，正值旅遊淡季，整間旅社空蕩蕩的，四周人煙稀少，發電機停了以後，只聽見鳥叫蟲鳴。

　　門前的大樹上一閃一閃的，興奮地發現原來是螢火蟲呀！左邊的草叢裡也有，偶爾幾隻在屋頂盤旋，好像童話故事裡的小精靈在我們身邊飛舞著，我們三個就這樣看著螢火蟲呆坐了好一陣子。

　　隔天是行程的重點，一早起床外頭傾盆大雨，心都涼了，看起來這雨要下一整天。簡單用過早餐後雨勢稍緩，換了衣服趕緊出發。雨雖然停了，旅社到景區的路程依舊泥濘至極，每走兩三步拖鞋就陷在泥巴裡，山路又黏又滑，讓人寸步難行，我們一個牽一個，一公里路花了大半小時才到達。

瓜國九寨溝，從觀景台眺望可看到石灰岩地形被一層層瀑布包裹著。

經過一段陸橋，幾個小販坐在路旁賣飲料，「要買飲料嗎？我們有可樂、啤酒、礦泉水⋯⋯」

一個可愛的小女孩湊過來，「你們從哪裡來？」女孩用英文與我們攀談。

「我是臺灣人，妳呢？」我也與他聊兩句。

「我是瓜地馬拉人，我叫艾瑪，很高興認識妳。」

「我叫伊娃，很高興認識妳。」

艾瑪說：「你們參觀完景區，回來如果想買飲料，記得回來找我，我叫艾瑪。」

早上下了點雨，園區門可羅雀，不用排隊等候，買門票得到一張地圖。景區呈環狀路線，Semuc Champey 長得很像中國四川的九寨溝，以及克羅埃西亞的十六湖，售票員建議我們先爬上觀景臺再沿著步道下來瀑布。連日大雨促使步道泥濘，雖是重要景點，環境規劃依舊是落後國

跳到水裡的我們，左為尼克、右為艾力。

家的標準，泥巴路加石子路，偶爾穿插一些木質棧道反而更滑，總是在我卸下心房覺得一切都在掌握之中時，一個步伐沒踩穩就滑倒了，所幸都無大礙，我們三個手牽手終於順利到達觀景臺。

觀景臺上景色一覽無遺，由於是石灰岩地質，河床呈現漂亮的土黃色，藍綠色的水交疊，非常漂亮。十二月是瓜地馬拉的乾季，低海拔地區氣候炎熱，走了一個早上已滿身大汗。

「好想玩水！」下一秒，我們著泳裝跳進水裡。在瓜地馬拉只要是溪水、瀑布、湖泊都能戲水，不受景區限制。在藍綠色的水中徜徉，融入在大自然中，彷彿自己就是這美麗風景的一部分。

回程經過橋邊，我開始找尋艾瑪的身影，攤位上的大哥說：「我是她叔叔，艾瑪去河邊游泳了，坐一下等會兒，我們去找她回來。」

我們每個人都買了兩瓶啤酒，坐在路邊喝了起來。攤位上聚集了越來越多當地人，你一言我一語跟我們聊著天，也教我們講幾句馬雅語。

我想起旅行中的一些國家，舉凡柬埔寨、寮國、印度，風景區周邊都會有許多孩子們兜售紀念品，這些孩子們不知道幾歲了？上學了嗎？附近有學校嗎？

艾瑪頂著微濕的長髮跑回來，看起來非常開心。我想，兩瓶啤酒對她的人生不會有任何幫助，也許，他們其實並不需要幫助。

馬雅叢林
迷走

在十六世紀西班牙人征服中美洲之前，馬雅文明就已經沒落了，被佔領之後更是完全消失殆盡，曾經輝煌的城邦建築被叢林覆蓋了三百多年，一直到近代才再度被發現。

蒂卡爾

Semuc Champey

阿蒂特蘭湖

安地瓜

墨西哥

貝里斯

瓜地馬拉

宏都拉斯

薩爾瓦多

尼加拉瓜

哥斯大黎加

巴拿馬

蒂卡爾遺址最富盛名
的城邦廣場。

　　馬雅文明為城邦文化，其中規模最大的遺址在瓜地
馬拉北邊的蒂卡爾（Tikal），據當地居民表示，幾百座
遺址當中僅有很小一部分被發掘，其他的依然荒廢在叢
林裡。

　　蒂卡爾遺址是我離開瓜地馬拉之前唯一堅持要參觀的
景點，也是距離最遠的一個區域，不管從瓜地馬拉城、安
地瓜或是阿蒂特蘭湖區出發，都必須要花上一至兩天車程
才到得了。這麼難以到達，我總感覺如果這趟旅程錯過
了，也許一輩子都看不到。（如果時間也限、有預算也可
以從瓜地馬拉市坐國內段班機，當天就能抵達。）

蒂卡爾園區地圖。一
對情侶看我們手上空
空的，好心讓我們拍
下地圖以免迷路。

　　旅行中我常常有種勢在必行之感，堅持要去
一個地方，有時候被一張照片吸引了，有時候是
聽別的旅人分享而心嚮神往，而更多時候只是一
種沒來由的執念。這時我會聽從內心的聲音，這
個聲音帶我來到拉丁美洲，來到了馬雅遺址。

　　由於預算有限，我們沒有請導遊帶路也沒買
地圖，打算用最節約的方式進行這一趟旅程。才
走沒幾步路，艾力開始抱怨手上拿著保鮮盒不方
便移動，我們決定把帶來的午餐先吃了，這是早
上民宿老闆娘現做的法式鹹派。進食期間有對親
切的情侶路過，閒聊時看到我們兩手空空：「你
們沒有買地圖嗎？」「沒有耶！有需要嗎？」我
們疑惑道。「之前報導有很多觀光客在這裡迷
路。」女生想了想：「還是你們拿手機把地圖
拍下來？這樣也有個方向。」拍完照我們互道珍
重，就往叢林裡頭鑽。

穿梭在遺址中自由探
索。

　　我們從一號入口開始這一整天的叢林探險，遺址位
於低地雨林區，數百年來被叢林覆蓋，大塊石頭堆砌而
成的寺廟，上頭佈滿了厚厚的植被，看起來就像是自然
形成的土堆，好幾次我們拿著地圖站在附近找半天，才
發現遺址就藏在身邊的土堆裡。

　　看完Q區與R區之後，我們從右邊的岔路繞行到最
尾端，打算回程時再一次看完所有的寺廟。除了馬雅遺
跡以外，蒂卡爾也是著名的自然生態保護區，我們跟著
人群走著，每當有人停下腳步抬頭看，我們也跟著抬頭
望，就這樣邊走邊玩，看了很多稀奇的動植物。

　　一開始路徑上有許多遊客同行，我們邊聊天邊打
鬧，走著走著赫然發現幾公里內毫無人煙，只剩下我們
三個。打開離線地圖，才發現我們已經走出國家公園兩

125

蒂卡爾國家公園，蓋在巨石上的神廟。

公里了（地圖右上的0再往外延伸兩公里）。蒂卡爾國家公園腹地之大，完全超出我們想像，而且，竟然沒有柵欄也沒有指標。

此時心中浮現那對情侶說的：「很多遊客在這裡失蹤，不要迷路了唷！」

我們研究著地圖，如果現在走回起點少說也要花四、五十分鐘，可能來不及看最大的廣場遺址。旁邊有一條路徑不太明顯的的岔路，看起來應該可以通到大廣場，我們花了一分鐘討論，一致認同要穿越叢林。

這條岔路約三米寬，雖然雜草叢生、蚊蟲肆虐，倒也還可以接受，路越走越窄、草越長越高，不禁令人懷疑「這是一條路嗎？」。走不到數十米我們就徹底被叢林給淹沒了，沒有路可以走的狀況下，猶豫著該回頭還是繼續。

離線地圖上顯示距離大廣場僅數百米，估計約十來分鐘就到了，這時腦中想起某汽車的廣告詞：「路是人走出來的。」手上緊握著離線

地圖,沿著箭頭方向繼續穿越叢林。遠方傳來吼猴的巨響,越往裡面走聲音越大,似乎誤闖了牠們的領區,聽起來數量不少,像是一個家庭或整個社區聚在一起開會。巨響持續一陣子慢慢淡去,我們始終都沒有看見牠們的真面目。

踩過朽木、爬過坡地、越過乾河,我們臉上黏著蜘蛛網,終於成功橫跨叢林,灰頭土臉地來到了最壯觀的城邦廣場。一號神廟與二號神廟面對面矗立著,非常壯觀。我們趕緊整理好服裝儀容,轉換成觀光客模式,故作淡定地欣賞這一落巨大的遺址。

後來在網路上讀到許多關於蒂卡爾的報導,每年都有許多遊客消失在這片叢林裡,由於占地廣、林相複雜、野生動物眾多,走偏了從此不知去向。 這一趟蒂卡爾確實讓我們體驗了叢林的威力,雖說迷路才能看見不同的風景,但在叢林裡還是乖一點好。

充滿植被的遺址,如果不注意看以為只是座小山丘。

#5

就地取材的
法國民宿

在El Remate我們找到一間湖邊的民宿叫愛麗絲（Alice Guesthouse），因為太舒服不小心就多住了幾晚，這裡成為我們離開聖佩德羅之後第一次長天數的停留。民宿的硬體設備很簡單，對外只有兩間雙人房與一棟可容納六個人的小木屋，在這裡打工換宿的人則會在露臺上鋪瑜珈墊席地而睡。

愛麗絲民宿，我們入住的茅草屋，窗戶上掛一個捕夢網，晚上有螢火蟲在窗邊
飛舞。

愛麗絲民宿步行兩分鐘就可以到佩滕伊察湖。熱帶雨林區，全年氣候炎熱，大部分時刻平靜無風，湖水溫暖清澈，我們每天都會到湖邊曬太陽游泳。

　　我們住在小木屋的樓上，窗戶看出去是一望無際的叢林。除了參觀蒂卡爾的那一天以外，我們每天到湖邊游泳，傍晚爬上高臺看夕陽，天黑後趴在床上聆聽叢林的對話，看螢火蟲四處飛舞。民宿沒有wi-fi，可以不受網路的打擾，專心與這一片叢林相處。

　　民宿老闆是一對法國夫妻，一年多前來到瓜地馬拉旅行，透過當地人介紹用一百萬買下這塊地，在打工換宿平臺找來許多旅人，一磚一瓦蓋成了這個民宿。我們居住期間，有五位旅人在民宿裡打工換宿，每天早上七點開始看他們拿著大大小小的工具整地挖地，到了傍晚老闆夫妻倆拿著黑板跟他們說明隔天的工作進度。

　　愛麗絲民宿也使用瓜地馬拉的傳統建築法「ADOBE」，這是一種就地取材的方式，用土坯來蓋房子，環保、經濟且強韌。

瓜地馬拉民宿的樣貌，大多用木材或土坯蓋成，用茅草當屋頂。

　　這些旅人每週工作五日，每日五小時，換取免費住宿與每日一餐。

　　以老闆的角度看，不花錢的免費勞工非常省錢，雖然建造的速度較慢，而且老闆必須全程參與，常常進城採買建材、工具，但看著這一大片土地一點一滴變成心中的夢想園地，這種成就感是金錢買不到的。

　　以換宿者的角度看，選擇一個喜歡的地方長住，省下了住宿費，每日五小時的工作不至於過度勞累，也讓自己有理由早起。閒暇時候可以到周邊走走，深入認識一塊土地。

這是我第一次近距離接觸打工換宿，也讓我萌發了打工換宿的念頭。開始上網搜尋，才發現，打工換宿雖然不支薪，也不是申請就會被錄取的，這些雇主（姑且稱他們為雇主吧！）對於換宿者的專業技能有所要求，蓋房子的案件要求體能好的男性，有建築、設計背景優先錄取。如果是旅宿業的服務人員，女生會比較吃香。

El Remate是一個新興的小村落，緊鄰佩滕省（Departamento de Petén）最大的湖泊佩滕伊察湖（Lago Petén Itzá），居民逐水草而居。這裡的馬雅人穿著現代服飾，與阿蒂特蘭湖區屬於不同語族，樣貌也不太一樣，相同的是他們脖子都很短，這是馬雅人顯著的特徵。

愛麗絲民宿的餐點美味但要價不菲，一份素食義大利麵就要臺幣160元，但份量迷你無法填滿背包客的胃。換宿的法國人介紹我們到巷口一間沒有招牌的本地餐廳，物美價廉，幾乎餐餐都來這報到，我們叫它Crazy Boy。

餐廳是由當地人肯特與媽媽一同經營，肯特會説一點英文，個性非常外向，但是常常搞錯餐點，香蕉奶昔點成鳳梨汁，豬排飯點成雞肉飯……。客人不多時，肯特會帶著點錯的餐點坐下來與我們聊天。

「沿著湖畔都是古馬雅遺址喔，只是都被叢林的荒煙蔓草掩蓋了。你們的民宿看出去那一片底下也有一個遺址，最近開始有熱愛古馬雅文化的人來這裡長住做研究，有時間的話我帶你們去探探吧。」

中美四小國
Visa Run

　　瓜地馬拉位於中美洲加勒比海上，與瓜國接軌的西北有墨西哥、東有貝里斯、東南邊是薩爾瓦多與宏都拉斯，再往南一點還有尼加拉瓜、哥斯大黎加、巴拿馬。包含瓜地馬拉，有好幾國依舊是臺灣為數不多的邦交國*，除了墨西哥需要事先辦理簽證以外，持臺灣護照皆可免簽入境上述各國，停留天數90至180天不等。

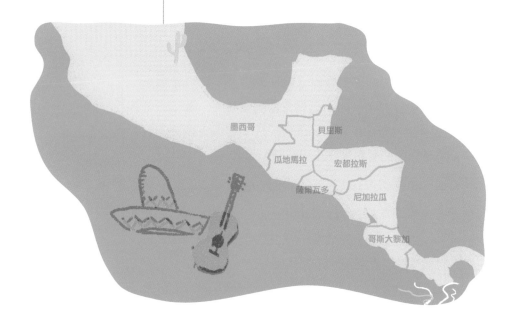

墨西哥　　貝里斯

瓜地馬拉　　宏都拉斯

薩爾瓦多　　尼加拉瓜

哥斯大黎加

愛麗絲民宿，民宿是一座小花園，夫妻倆精心打造舒適環境。

＊註：2018與2021年，薩爾瓦多、尼加拉瓜與我國斷交，入境須辦理簽證。

瓜地馬拉、宏都拉斯、薩爾瓦多、尼加拉瓜四國合稱「中美四小國」，當地居民持身分證可以在這四國內自由進出，不需要帶護照。但是陸路過境依舊要檢查身分證，所花的時間不少於檢查護照的外國人，我其實不太明白這規定是想表達什麼？

　　對於外國旅人來說過境更加麻煩，持外國護照四國之間可任意移動合計不超過九十天，過境時官員會在上頭蓋章並寫上簽證剩餘的天數。但他們數學不太好，每一位旅人過境都要花好些時間計算，還常常算錯，每次過境都是大排長龍。原意是要讓大家方便一些，卻搞得更加複雜了。

　　我在瓜地馬拉待了兩個多月以後開始研究我的簽證，只要過境到鄰近國家再回來就能再得到九十天的效期，這樣的動作旅人們稱之為Visa Run，住在臺灣很多外國人三個月離境一次，就是為了簽證，臺灣是島國移動不易，在中美洲坐上一班車幾小時內就能到達鄰國。

　　以中美四小國簽證的邏輯，到貝里斯做Visa Run是最方便的，於是決定離開El Remate之後可以往東邊跨境。

無意間與愛麗絲民宿老闆聊到這件事，他倆在這住了約莫一年時間，未持有瓜國居留證，所以每三個月還是要跑一次Visa Run。聽說我要到貝里斯去，他們說：「去貝里斯規定多、麻煩且昂貴，你們去宏都拉斯比較方便，我們這樣跑已經很多次了。」

　　宏都拉斯是中美洲四國之一，簽證理應合併計算在九十天以內。為了這件事，我在網路上查詢許久，官方網站沒有說明，中英文論壇、部落格也沒有人分享，中美洲本來就是遊客較少的區域，找不到資訊也是合理的。

　　於是我帶著懷疑前往宏都拉斯。

　　過境到宏都拉斯時，護照裡寫下剩餘天數「29」，從宏都拉斯回到瓜地馬拉時，距離簽證到期日，只剩下不到一週的時間，官員在護照上重新蓋了個章，框框裡寫了「90」，順利通關！

　　像這樣邏輯奇特的事在拉丁美洲層出不窮，當時與艾力一起旅行，法國人本身就流著批判的血液，他常常為了這種奇怪的思維氣得跳腳，「他們做事一點邏輯都沒有」他說。我想他們是有他們的邏輯，只是與我們不同罷了。在瓜地馬拉住了四個月，有些文化慢慢看懂了，其他的，我想也許要花一輩子才會懂。

三人最後的
烏提拉

古巴

多明尼加

墨西哥

貝里斯

烏蒂拉

瓜地馬拉　宏都拉斯

聖佩德羅蘇拉

薩爾瓦多

尼加拉瓜

　　跨境來到宏都拉斯，聽聞它是中美洲最危險的國家，大部分的背包客會用最快的速度抵達烏提拉島（Utila），中間避免任何停留。我們在聖佩德羅蘇拉（San Pedro Sula，宏都拉斯第二大城，也是中美洲最大的巴士轉運站）轉車時好幾位工作人員提醒我們注意安全，「背包不離身」、「結伴同行」、「注意隨身物品」。

　　弔詭的是轉運站裡頭居然有販售槍枝的商店！？看到商店時我們三人不約而同冷汗直冒，這段路程確實讓我們神經緊繃。

烏提拉島四面環海，
划獨木舟可以繞一
圈。

　　換了兩班車、一班渡輪，花了一天一夜的時間，我
們終於來到烏提拉島，加勒比海最富盛名的小島。

　　不得不說，這是一個很奇怪的小島，好像來到了「國
外」，島上居民多為黑人，說的是英語，瀰漫著加勒比海
島嶼的度假氛圍，與宏都拉斯其餘城鎮大相徑庭。

　　位於海灣群島的最南邊，擁有全世界第二大礁石系
統，每年吸引大量喜歡潛水的遊客到此一遊，我們也是
為了潛水而來。尼克與艾力是合格的潛水師，我們約好
等我拿到潛水執照要一起下水。

　　我們花了半天時間找到一間合適的公寓，報名了初
階潛水員課程（PADI Open Water Certificated）。

四天潛水課程忙碌而充實,早上是理論課程,下午實務課程,晚上在家複習當天的課
程內容。有尼克與艾力的指導,潛水理論我得心應手,實務課程就只能靠自己了,對
於下水我非常擔憂。

　　島上除了來來去去的觀光客，有許多歐美背包客長住在這裡，接觸潛水後才知道這裡是潛水者的天堂。烏提拉島是全世界考潛水證最便宜的地方，包含教材、教練、裝備、證照申請費，額外贈送三晚住宿，只要美金260元，如此優惠的價格，怪不得吸引大量人潮前往。

　　每一間潛水中心都推出破天荒的方案，凡是在該潛水中心完成潛水長者（Dive Master，獲得執照可以帶客人下水）享有終生免費潛水之優惠。許多人索性就住了下來，有機會就多下水，增加潛水的經驗值。

　　第一天下午整裝到碼頭邊，教練指著一百公尺外的碼頭說：「你們游過去那碼頭再回來，怎麼游都行，只要能完成就好。」沒想到第一天就來真的！是誰說不會游泳也可以學潛水？？

烏提拉港邊，沿岸一整排潛水
店，每一間都有自己的碼頭。

平常去海邊只有玩票性質的踢踢水，一次要
游完兩百公尺這是第一次。當天只有兩位學員，
英國帥哥輕輕鬆鬆就游到對岸，我在後面死命地
追趕，也完成了。把自己放在騎虎難下的位置，
可以激發出許多潛能。

接下來是三米、五米、十二米、十八米，每
一次背氧氣瓶下水都令人又驚又恐，每一次都硬
著頭皮下水，遵從教練的指示，四天課程順利完
成。原來潛水沒有想像中困難，像我這種不闇水
性的人也可以學會。

課程結束後，潛水中心額外贈送兩支氣瓶（兩次水肺潛水），尼克與艾力帶著GoPro與我一起下水。加勒比海域水質清澈，海底生物豐富多元，這幾次潛水看見許多龍蝦、帝王蟹、金梭魚，往後在亞洲潛水都不斷找尋相同物種，卻發現龍蝦與帝王蟹不容易看見，都被吃掉了吧。

待了兩週後，尼克照原計畫獨自離開到貝里斯去。我與艾力多待了一週，也離開了。接下來的旅程只剩下我們兩個。

在加勒比海潛水。

在大自然裡追尋超自然

靈性·亞馬遜雨林

走入亞馬遜雨林，

　大自然信仰、薩滿、死藤水…

　　這是拉丁美洲的另一個面向，

　　　是我不認識的概念，

　　　　一瞬間資訊過載，

　　　　　我究竟踏進了什麼世界！？

Amazon

我是
來治病的

哥倫比亞是我與艾力一起旅行的最後一個國家。「有個旅伴是好的。」我總是這麼跟自己說。

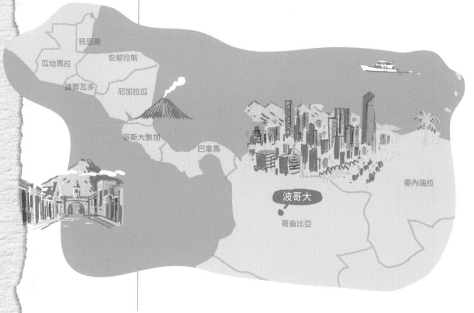

貝里斯

瓜地馬拉　　宏都拉斯

薩爾瓦多　　尼加拉瓜

哥斯大黎加

巴拿馬

波哥大

哥倫比亞

委內瑞拉

艾力是一位典型的法國男子，愛抱怨愛碎念，從不滿足於現況，而他工程師的思維是把制度建立好，然後機械化運轉，所以每到一個地方會把周遭環境調整到最佳狀態，接著就可以無止盡的耍廢。巨蟹男不一定是愛家，有些只是不愛出門。而我喜歡每天到附近走動走動，跟街坊鄰居聊兩句，我們倆個性很不一樣，卻走在一塊了，除了同病同憐以外，我想是上輩子的債。

　　我們同租一個小公寓，因為省錢、便利，兩個人一起做菜也方便。聖佩德羅重視環境保護，前幾年因為大量的垃圾污染阿蒂特蘭湖，聯合周邊十三個村落推行政策禁用塑膠製品，成效很好，大家也樂於遵守。每天早上我獨自帶著購物袋出門去買蔬果，看看鎮上有沒有什麼新鮮事。少數幾次艾力與我一同去市場時，我就會趁這機會多買一些很重的水果讓他提。

　　「那邊人太多了，我沒辦法，我在旁邊等你。」每次出門艾力總會這般喃喃自語，神態焦慮惶恐，我想這是所謂的「人群恐懼症」，這症狀會一直持續到抵達家門的那一刻，才能放鬆。他總說自己有病，我一開始不以為意，相處過後才發現原來世界上真有這種病，為了減少他發病的頻率，也增加我活動的舒適度，我通常都自己出門。

他從來不多說他的病，嘗試過幾次要協助，都被他惱羞成怒地拒絕：「這不干妳的事，我是來治病的，我自己會想辦法。」

述說本身很療癒，我就是這麼做的，但我猜想對於不曾述說的人，要開口可能也需要很大的勇氣。

自從我們住在一塊，艾力出門走動的次數越來越少，家裡就是他的象牙塔，只有在那十幾坪的空間裡能感覺自在。我依舊每天出門晃晃，有時候找朋友，有時候只是出門走走，一個人出門是輕鬆的，遇見朋友時也不需要向艾力解釋我們之間什麼關係。

艾力對我是坦白的，起碼其中一個性格是，就像《二十四個比利》的主角一樣，艾力有多重人格。他的人格有多疑、善變、焦躁、易怒，當然偶爾也有溫和可人的他，我從來不知道什麼時候其他的人格會出現，突然對我大吼大叫，冷靜下來後再道歉說那不是他的本意。剛認識時他說：「我有病，不要離我太近。」當我體會到他真的有病時，卻為時已晚。

我在一塊最自在的土地上，遇見了最不快樂的靈魂。

哥倫比亞首都波哥大（Bogotá）的城區廣場。

我認識的每個法國人都抽大麻，是因為法國社會壓力大，造成性格焦慮善妒容易緊張嗎？老實說我不知道。晚上和著大麻捲一根煙，一整天的壓力在一吸一吐之間煙消雲散。在拉丁美洲也幾乎每個人都抽大麻，但是拉丁美洲人本身是快樂的，為什麼抽大麻？我想是因為便宜吧！

　　艾力在法國用哈希什（Hash），是大麻的樹酯，買來的成品呈現膏狀，好像一塊中藥製成的黏土，濃度較高，只需要極少量就足夠。而拉丁美洲用的是大麻花與大麻葉，買來就是一小包乾草的樣貌。人類吸食大麻已有五千年歷史，多數國家列為禁藥，指控為「毒品」、「會上癮」。我認知的大麻有不同種類，有些會讓你放鬆有些會讓你快樂，但沒有任何一種是會讓人變得暴力的，在他們這圈子裡流傳一個說法：「如果全世界的人同時抽一根捲菸（joint，混合菸草與大麻葉的捲菸），世界將會維持五分鐘的和平。」

　　要說缺點，大麻讓人放鬆、減少憂慮，換個角度看就是不求上進，因為壓力是進步的原動力，人類因為憂慮而未雨綢繆激發創造力。對於大麻，我有複雜的情緒，當艾力抽捲菸時我也會跟著抽，穩定了他的多種性格，也減緩我平時要面對他的壓力，但是對於未來的計畫停滯不前，是我很不喜歡的一點，拉丁美洲人最常掛嘴邊的

瓜地馬拉東邊小鎮Rio
Dulce。

一個詞兒是「Mañana」，字面上的意思是明天，但其實
這個明天泛指未來，「不要擔心，有什麼事明天再説」，
每一天都有明天，但你從來不知道是哪一個明天。

　　我們約定好這是一段短暫的相處，因為我們同路，
沒有理由不一起走，更何況在拉丁美洲旅行，有個伴自
然安心一些。表面上看來是艾力提供保護與協助，事實
上他多半躲在我的羽翼下，只要有我在，他就不需要與
陌生人交涉，想到要面對人群就帶給他無限的恐懼。

　　「要怎麼治病？」我問。那是我第一次聽到
Ayahuasca。

世界的
盡頭

　　從瓜地馬拉飛到哥倫比亞，進入首都波哥大（Bogotá），這城市建築在海拔兩千六百公尺的高原上，為的是擺脫沿海的高溫與蚊蟲肆虐，高原上終年恆溫氣候舒適。

　　在拉丁美洲幾個月了，我們一直想盡辦法避開首都，因為這裡治安差，「首都」常常意味著危險，而哥倫比亞的治安差我們早有耳聞。入住舊城區裡的青年旅社，白天出門晃晃，到廣場上看人來人往，採買民生必需品，每次出門都要提高警覺。

哥斯大黎加

巴拿馬

委內瑞拉

波哥大

哥倫比亞

波帕揚

莫科阿

厄瓜多

波哥大市區一隅，耀眼的陽光與藍天白雲讓人誤以為這裡很炎熱，高海拔所致，全年氣候涼爽。

艾力在泰國聽聞了一種自然療法，專治心理疾病，這種療法只存在亞馬遜雨林流域，千年以來治癒了無數人。他從朋友手中拿到了一個薩滿的聯絡方式，在哥倫比亞南部的錫本多依（Sibundoy，位於哥倫比亞最南部的省份）。艾力的目標是用最短的時間找到這位薩滿。

到了哥倫比亞後，我倆的心情都挺複雜的，這代表我們的旅程即將結束，雖然迫不及待翻開下一頁，卻也有些許感傷，相處的這些日子，是我這十年來最辛苦的時光，就像是一塊浮木，漂泊在海中已經不容易，還要承受另一個人帶來的壓力，硬要掙脫又擔心他一個人在海上會不會出事。

153

波哥大城區廣場，大教堂是當
地的指標，旁邊就是大學城。

而艾力自從離開聖佩德羅，整個人呈現極端焦慮的狀態，除了在城市裡人來人往使他神經緊繃之外，更令他擔憂的是，距離接受療程的日子越來越近了，艾力並不確定自己是否準備好了。為了接受治療時能聽懂薩滿說的話，避免溝通上的誤會產生無法預知的後果，艾力先到瓜地馬拉學習西語，如今真要前往目的地，他又退縮了。他是一個容易被恐懼凌駕的人。

「如果擔心害怕，要不你別去了。」聽說喝了薩滿的藥，會嘔吐、會腹瀉、身心靈都會極端痛苦，那是我無法想像的療法。

「我就是為了治病而來到拉丁美洲，就只差臨門一腳了，如果現在退縮，我能去哪裡？」彷彿聽見艾力的內心在自言自語。艾力在離開法國前，做了全身健康檢查，他想知道他是不是身體有病，否則為何活得如此痛苦。但檢查結果一切正常，既然不是身體的病，那麼肯定是心理有病了。

艾力的父親在他七歲時離開他們，幾年後有了另一個家庭，少數幾次聽他提起，充滿了怨恨語氣。艾力的媽媽獨自撫養他們兄妹倆，每當他聊到媽媽，總是百般不捨，但是他常說：「我沒辦法跟她相處，她簡直無法溝通。」

爾後接觸到他母親我就明白，他們倆無法相處是因為個性太過相似，兩人都焦躁易怒、多愁善感。在他們家有人崩潰、大吼大叫，似乎都是家常便飯，隔天又好像沒事一樣，不溝通也不討論，就這麼擱著，下次有問題再爆發一次，這樣週而復始，三十多年來都是這樣的相處模式。而他們倆似乎也吃定了對方，「反正我們是母子，就算我肆無忌憚地對你吼，你也必須全盤接受。」面對外界，艾力也用相同的模式對待，在他眼中這是合理的社交模式，沒想到卻碰一鼻子的灰，他工程師的腦袋始終無法理解是哪裡出了問題。

薩滿

Shamanism，泛指分布於美洲和北亞、中亞一類的巫覡宗教，薩滿信仰中的「薩滿」被認為是掌握神祕知識，有能力進入「人神」狀態的人，有著預言、治療，與屬靈世界溝通，以及旅行到屬靈世界的能力。此書的薩滿則指亞馬遜地區舉行儀式的人，通常住在人煙稀少的叢林裡。

我們決議到南邊的莫科阿（Mocoa，位於哥倫比亞南部的Putumayo省，鄰近厄瓜多）遊覽，然後各奔東西——我將繼續南下到厄瓜多去打工換宿，他則獨自去找他的薩滿。

　　我沒告訴他的是，我其實非常期待一個人的旅行。

　　在中途的一個小鎮波帕揚（Popayán）短暫停留，說是走觀光行程，但是我倆都走的心不在焉。

　　「這什麼地方，爛死了，東西又貴又難吃，房間簡陋，城市裡什麼都沒有。」艾力抱怨時，我沉默。即使在聖佩德羅，都有能讓他抱怨的地方，每一次都令我驚奇，世界上居然有這麼不願意快樂的人。

　　巴士離開波帕揚，沒幾分鐘就轉進了一片山谷，艾力看起心情很好：「好漂亮的地方，我們怎麼當初沒來這？希望莫科阿也是一個美麗的小鎮。」

　　不知道哪裡來的怒意，我的情緒一觸即發，我說：「我覺得你別抱太大的希望，莫科阿可能只是一個平凡的小鎮，它可能什麼都沒有，就像你眼中的波帕揚一樣爛透了，南美洲沒有任何地方可以符合你的標準，也許你應該早點回法國，在法國什麼都好，東西好吃、地方漂亮，不像這裡什麼

都沒有。對我而言，旅行就是四處走走看看，波帕揚是一個可愛的小鎮，有當地人民真實的人生，你不喜歡就請你離開，不需要這樣批評別人。我不知道你到底有什麼病，但是這些日子我真的受夠了，愛怎麼想隨你吧，我懶得管了。」這是我第一次也是唯一一次對病人說出這麼重的話。他哭著跟我道歉，連續幾天都沒再發作。

抵達莫科阿，果然就是個米粒大的小鎮，鎮上走一圈大約只要十分鐘，艾力沉默不語。

南邊六公里是著名的景點：「世界的盡頭」（El Fin del Mundo）。

157

首都來的
胡安

位於哥倫比亞最南邊的省份Putumayo，整個省都在亞馬遜雨林裡，莫科阿雖有省會之稱，面積卻比士林夜市的停車場還小得多，六條街包圍著一個十公尺見方的公園廣場，廣場邊有一間稍微像樣的咖啡店，觀光客聚集在此使用網路。鎮上有十來間旅館、十來間餐廳、兩間超級雜貨店、一個傳統市場，除此之外，什麼都沒有。

莫科阿市區街景，這是我們最常逛的紀念品店，
每次到鎮上都會進來看看，艾力在這裡買了一支電子菸。

蓄著大鬍子的胡安年僅23歲，從城市來到偏鄉與薩滿拜師學藝。

　　我們到「世界的盡頭」景區附近找尋住宿，隔壁青旅介紹我們到這家新開的小民宿Samai Hostel，民宿的管理員是一個二十三歲的男孩胡安，蓄著長髮與鬍子，親切可人，是個讓人第一眼見到就感覺舒服的年輕人。民宿裡除了我們外還住了另一對情侶，智利男孩克里斯與厄瓜多女孩茱莉亞，他們在涼亭裡搭帳篷露營，同樣是讓人感覺溫暖的一對小情侶。有他們的陪伴，住在這裡我感到很安心。

　　房間就在馬路邊，往裡頭走，經過三個魚池，轉個彎走下坡，一路上可見數十種蔬果開心的生長，河邊蓋了一個石造泳池，引山泉水注滿池子要花上三天的時間。

　　抵達的第一天胡安煮了咖啡給大家喝，天南地北聊著不同的話題，我們一看就知道不是南美人，不懂西語也是正常的，體貼的小情侶聊天時放慢速度並且耐心的等待我們把句子組織完成，這是我幾個月來說西語最成功的一天。

莫科阿的Samai
Hostel，有兩間獨立
房間、一間背包房，
胡安自己住在破舊的
小木屋裡。

　　胡安説他家鄉在首都波哥大，來到這兒已經四年了，
之前在隔壁青旅打工，最近才開始管理Samai Hostel，他
説來到這裡是為了Ayahuasca，接受療程已經四年之久，
現在與一位薩滿學習製藥過程。聽到Ayahuasca這個詞，
艾力與我的眼睛都亮了。

　　克里斯與茱莉亞接著與我們分享參與療程的經驗。
「人的眉心與太陽穴之間有第三隻眼，當你喝了Yage
（Ayahuasca在亞馬遜流域的俗名）會開啟第三隻眼，身
心靈會感知到平常感受不到的事，直接觸碰到內心最深處
的情感，這些可能是你在許久前掩埋的記憶，被我們擱置
許久，讓你以為不曾存在的事。」茱莉亞一手指著眉心，
一手放在心臟前方。她接著説：「童年的創傷，甚至是前
世的創傷都可能被挖掘出來，血淋淋地呈現在你面前，你
無處可躲，這個過程極端痛苦，但是當你冷靜下來面對、
接受這些醜陋的過往，經過一次又一次的療程，你的靈魂
彷彿重生了，這種感覺前所未有。」

我們聽著茱莉亞述說著，彷彿是靈異片才會出現的場景。

Ayahuasca在臺灣翻譯為「死藤水」，我覺得更貼切一點的翻譯是「靈魂之藤」，主要分布在亞馬遜河流域，是一種流傳千年的自然療法，一開始在宗教儀式中使用，近一百年科學家發現此療法可治療精神與身體的疾病，緩解或治癒毒品成癮、酗酒者的症狀，並與靈界進行溝通。現今在亞馬遜流域也出現了許多治療中心，由當地薩滿主持儀式，北美洲或歐洲人負責治療中心裡的對外事務。

在那一刻，我決定要留下來，因為對這療法產生了興趣，也因為身邊這三位年輕人的正面磁場，讓我想去試一試。

十多年來我一直在進行著自我療癒，用我自以為的方法，自問自答，建立自己然後再推翻，不斷質疑自己，然後再重建。每個人在成長過程中都存在著創傷，每個人都有病，病得嚴重一點的殺人放火，輕微一點的酗酒嗑藥，再輕一點的有憂鬱症、躁鬱症、情緒勒索、控制狂、工作狂、購物狂……。**每個人用不同方式去填補空缺，很多是挖東牆補西牆，真正健康快樂的靈魂只存在極少數人身上。**

天色漸漸暗去，克里斯吹起手中的長笛，茱莉亞打著鈴鼓伴奏，配合逐漸昏黃的天光，笛聲似乎吹到了靈魂裡。克里斯是位音樂家，所有的樂器到他手中都彷彿產生了靈魂，我也拿出我的烏克麗麗，他撥了撥弦調音就開始玩了起來，拉丁美洲音樂節奏輕快溫暖，重覆相同的節奏與主題，具有療癒效果。好溫暖的一個傍晚，如果肉眼能看見能量，此時的這一群人頭上想必散發著光芒。

隔天，艾力找胡安討論，希望可以在這裡住一陣子，參加Yage的儀式，期間可以協助民宿的推廣與運行，換得住宿上的折扣。胡安一口答應了，於是這裡成了我們打工換宿的據點。

本來只打算住個三、五天，一晃眼當我離開時已經過了五週。

Ayahuasca

Ayahuasca在拉丁美洲各區域有不同的名字，最常見的是Ayahuasca、Ayawaska。aya的意思是靈魂（soul／spirit），huasca／waskavine的意思是藤蔓。在哥倫比亞南部，Ayahuasca簡稱為Yage。在臺灣，常被稱作「死藤水」。

亞馬遜雨林
打工換宿

　　Samai Hostel面積廣闊，除了住宿區外，旁邊有兩個大魚池，往下走有一大片蔬果園，一路延伸到河邊。我們入住時，只有房間是像樣的，其他區域都需要花時間整理。我花了一整天時間整理廚房，把鍋具與餐具全部洗刷乾淨、排列整齊，冰箱重新擦拭後接上電源，打造舒適的居住環境，也希望能夠吸引多一點住客。

　　戶外的廚房周圍佈滿了果樹，有柳橙、香蕉、檸檬樹，還有許多哥倫比亞獨有的、叫不出名字的果樹，其中最棘手的是香蕉樹。每一棵香蕉樹結果實以後就會開始腐爛，在它死去之前身邊會長出三棵香蕉小樹兒子，腐爛的樹幹成了小樹最好的堆肥。整個後院堆滿了已腐爛與逐漸腐爛的香蕉樹幹，上面爬滿了無數隻叫不出名字的小蟲，味道奇臭無比。我們花了兩天時間才把所有腐爛的樹幹遷移至堆肥區，再花兩天時間從河床邊蒐集大大小小的碎石子，鋪在廚房周圍，弄成一條乾淨清新的石子路。

民宿的「泳池」，來
到這第一天我們與胡
安合力清理泳池，引
山泉水注入泳池，發
現水還是綠色的。

　　再來把屋子旁邊的廢棄物堆清理掉，種上漂亮的花
花草草。這件事比預期的還要費力，我們在那隆起的土
堆裡挖出了鍋碗瓢盆，還有成千上萬個碎磁磚。拉丁美
洲人確實特別，果樹爛了就讓它爛在原地，即使自家門
口也不管，家裡頭不需要的東西就挖個洞埋了，管他美
觀與否，不要看見就好。我一邊挖一邊嘖嘖稱奇，這三
平方米的小土堆裡居然可以有這麼多垃圾。

Samai Hostel 旁邊的魚池。茅草屋裡是露營區，克里斯與茱莉亞就住在這裡，有時候睡在帳篷裡，天氣好就睡在吊床上。

　　在這裡餐餐都得自己煮，除了對面一家賣臘腸的，方圓幾公里內沒有任何餐廳，我們每週到市區採買一次，順便到廣場的咖啡店上網。民宿沒有網路，平常我們也無法滑手機，一開始到鎮上最令人興奮的就是可以上網，每週來收收信、回訊息、看看臉書上有沒有什麼新鮮事，卻發現少了我們的關注，世界依舊以它的速率在運行著，沒有變得更好，也沒有變得更壞。

　　旅行中常常有種恍惚之感，少了網路的連結，「我」彷彿迷失在地圖裡，如果現在突然消失，不會有人知道，也沒有人會哀悼，那麼「我」的這個意象存在的價值與意義為何？但是如果「我」的價值必須仰賴網路與世界做連結，那麼聽起來是更加荒謬的一件事。

　　我們持續每週一次到鎮上去，如果沒什麼需要查找的資料，有時候連咖啡店都省略了。

　　住了幾週後有另一對情侶上門詢問打工換宿，胡安也留他們下來了。打工換宿在拉丁美洲特別盛行，當地人用最古老的方式，路過就敲門詢問：「需要人力嗎？我們想要換宿。」

除了過路客外，很多人會在換宿網上找工作，民宿、農場、潛水店，種菜養雞、澆花施肥、建池塘、蓋房子，也有幫忙前臺入住事宜、打掃房屋、協助廚房做菜……等等，種類琳瑯滿目。當然，每個旅人停留的原因也不盡相同，為了了解當地文化、語言交換、旅程中找個地方休息，而有時候僅僅只是因為不想回家。

他們從來不問你為何停留，也不問你何時離開，反正時間到了、緣分盡了，就往下一站去，也許哪一天再出現，也許，再也不見。

這對情侶的女孩索菲是保加利亞人，英文不好而且態度冷漠，我甚少與她交談。他們的薩滿也住在附近村莊，常常看他們消失個幾天又突然出現，我猜想是去接受療程。

在民宿裡，每個人負責不同的工作項目，院子裡的體力活由男生們去做，我負責澆花、打掃屋子、處理食物殘渣，偶爾想些新花樣妝點民宿。胡安是個非常隨性的管理者，事情做完了也不需要找事做，我們很多時候就在二樓的陽臺上躺著，看看書、彈彈吉他，日子悠閒愜意。

在這個地區，許多人與我們一樣都是為了Ayahuasca而駐足，這位新來的厄瓜多男子在許多年前有毒癮，海洛英、古柯鹼、安非他命都用過，跟了一位薩滿以後這些東西全戒了，恢復清白之身。幾個月前又纏上了毒癮，「跟幾個朋友一起，他們手上有貨，我想説玩一次無傷，結果一次兩次三次……又把癮頭養出來了，一直到有一天做夢夢到我的薩滿嚴厲地告誡我，『別再這樣傷害你自己了』，我突然驚醒，口中是Ayahuasca的味道。」

傳承千年的
自然療法 Ayahuasca

流傳千年的草藥療法，為何在一夕之間傳開了？

我想這是人類心靈世界的反撲，科技把人類進步的速度推上歷史的高峰，我們所處的世界資訊過度氾濫，網路的發達讓人分不清真假虛實，外在環境不斷成長，心靈卻反向而行。於是我們花更多時間賺更多錢，用物質來填補心靈，生活是舒服的，心裡卻怎麼樣都覺得少一塊。

每個人成長過程中難免遇到困難，感情的、家庭帶來的創傷，舊的傷還沒治好，新的傷接踵而來，促使生命一步步變得沈重，忙碌的生活中沒有多餘的時間處理內心的問題，只好通通拋諸腦後，表面上日子還是照樣過，其實內心無限疲乏，一直到有一天覺得過不下去了，才不由得暫停人生，尋求解決之道。於是很多人循線來到這裡。

其實我不需要治療，更確切的說，我在這些年已經把自己調養的很健康了，只是單純對於這療程感到無比好奇，想知道它是如何進行的？也想知道我會產生什麼樣的反應？既然生命把我帶到這裡，必定有它的理由在，心裡有一個聲音告訴我必須嘗試。

為了Ayahuasca，我放棄了厄瓜多的打工換宿，至今還是有些惋惜的，我期待在一個新的環境，接觸新鮮的人事物，期待一個沒有艾力的地方。艾力倒是開心，這樣一來我就暫時不會離開了。原來他比我想像中的更加依賴。

一路上他都為這療程的到來擔憂著，他是一個極端容易被恐懼凌駕情緒的人。「我手裡有一個薩滿的聯絡方式，

由左至右：民宿小弟胡安、薩滿、學員。

民宿小弟胡安與薩滿。

但是我不知道他是誰，也不知道從何找起，這讓我感到恐懼。如今我們來到這裡，彷彿上天聽見了我的請求，祂把Ayahuasca帶到我身邊來了，這是我命中註定要遇見的。」看到過度開心的他，我也有點擔憂，總覺得事情不會這麼順利，深怕哪一個環節走偏了，又會把他打落谷底。

艾力原本要去的小鎮錫本多依（Sibundoy）住了非常多薩滿，後來還耳聞當地定期舉辦「死藤水音樂祭」（Ayahuasca Music Festival），音樂祭在印象中意味著震耳欲聾的音樂、大量的酒精（甚至有毒品）、年輕的男男女女、大型派對、飲酒作樂……。對我來說有些矛盾，怎麼看都與心靈治療相去甚遠。

Ayahuasca不是一種兒戲，當療程開始，從薩滿手中接過那杯藥水一口喝下，身體會產生一連串的反應，這個時候的人身心靈都特別脆弱。事實上，來到這治病的病患，心靈都相當脆弱。在南美洲有許多心術不正的薩滿會趁治療期間入侵你的腦波，控制你的靈魂，我們在路上偶爾會看見薩滿身邊牽著漂亮的歐洲女朋友，「趁虛而

入」這詞用在這裡非常恰當。

自從Ayahuasca開始風行，在亞馬遜流域滿街都能遇見薩滿，真假難辨，許多薩滿斂財斂色的情況不在少數，而找到一位正直的薩滿，是進行療程最重要的一環。我們要怎麼找呢？千萬千萬不要去旅行社找，也別在街上問、網路上預訂。如果真心要治病或嘗試，請帶著一顆虔誠的心，花一點時間與當地人相處，找一個你信得過的人推薦，正派的薩滿還是很多的，收取合理的費用，為需要幫助的人提供治療。

胡安與茱莉亞屬於不同的薩滿，胡安在這個小鎮居住，不定期到薩滿的住處，茱莉亞與克里斯則是每隔一段時間會從厄瓜多來到這裡密集地接受治療，不太確定療程舉行的頻率如何計算。每一位薩滿進行療程的時間也不一樣，我一直到離開都沒搞懂過。

決定留下來後，胡安開始與我們分享一系列的注意事項，在參加療程前，為保持身心靈的純淨，必須進行長達七天有條件的節食。

1.飲食以蔬果與穀類為主，不得食用肉類。
2.杜絕一切刺激性食品、飲品，不吃辣、不抽菸、不喝酒。
3.禁用一切藥品，任何成藥、禁藥、毒品或大麻。
4.嚴禁性行為。

身心都做好準備，就等時間的到來。

遺世獨立的
薩滿

治療儀式由一位薩滿主導，通常在遠離塵囂之處，地點隱密以杜絕陌生人誤入，入夜後開始儀式，直到天明。

三月初的一個週五我們與克里斯一同前往參加療程，五個人共乘一輛計程車，往莫科阿市區的方向去，快到鎮上之前左轉往山上開，轉了兩個彎後開始一段石子路，顛簸了好一陣子，盡頭是一戶人家，旁邊一間小雜貨店，我們就在這兒下車。

巴拿馬
委內瑞拉
哥倫比亞
厄瓜多
巴西
祕魯
治療中心
莫科阿

治療中心遠離塵囂，許多人選擇住在中心接受長期治療，山上沒水沒電，每到下午大家就相約到河邊沐浴洗衣。

　　兩位女孩在大石頭上向我們招手，像是一個小型組織，每當有新夥伴參加，薩滿就會派代表出來迎接。我們往山裡走了五十公尺的石子路後，前方沒路了，夥伴們卻持續前進，每走一步都要停下來把前面的草壓低，我就在雜草叢生的樹林裡汲著夾腳拖鞋攀爬。這時才深深體會到帶路者的重要性，這地方如果自己來是肯定找不到。天色漸漸昏暗，終於在日落前抵達，好隱密的一個地方。

　　入口處一位女孩手持水果茶迎接我們，與克里斯寒暄兩句，介紹這次來的新成員。等待薩滿的過程中有數名男子扛著木材進園區，經過時放下肩上的重物親切地與每個人擁抱並自我介紹。不久薩滿拿著一壺藥草汁出來為我們洗塵，喃喃自語唸幾句話，便把藥草汁噴到我們臉上。簡單說明注意事項，園區內禁菸酒與各類藥品，未事先告知不得任意前往。接著便領我們入園。

175

園區的中央是一個開放式的木造建築，正前方的營火區可以遠眺莫科阿市區，右後方是茅房，旁邊有一個簡單的小廚房，整個園區不過七、八十坪大，一眼就看完了。到裡頭才發現除了我們五個以外所有人都住在這裡，一個什麼都沒有的深山裡，有人住三五天，有人住一兩週，也有住上個把月的，都是來接受治療的。

　　這是一個難以用文字形容的地方，人家說家徒四壁已經是夠刻苦的，這裡沒有牆壁，一塊茅草大屋頂，四邊沒有圍欄，茅房也僅僅是一塊布圍起來的一個坑。園區旁邊有一條溪流，每天下午大家會結伴去溪邊洗澡。晚上鋪個墊子就睡下，天氣好的夜晚，大夥兒就睡在星空下。

　　也許是為了營造舒服的氣氛，每當有新朋友加入，大夥兒都會親切地過來攀談，令人感覺溫暖。薩滿的大女兒正值青春期，對東亞文化特別感興趣，在我身邊的營火旁默默地坐著。

　　她朋友對我說：「她想與妳聊天，但是她不會說英文。」

　　「我懂一點西語，不然妳說慢一點，我會嘗試著去理解。」我這麼對她說。

　　那個傍晚我們聊流行、音樂、文化、飲食，一切與東亞相關的事物她都非常感興趣，雖然在電視上看了很多，但我是她第一個面對面接觸的亞洲人。

「臺灣是什麼樣的地方，有山河、有森林嗎？」
「聽說中國人吃狗肉，是真的嗎？妳也吃嗎？」

距離製造神祕感，越是遙遠的地方越是令人心嚮神往，也許因為這樣我選擇來到南美洲，距離臺灣最遠的一洲，與臺灣日夜顛倒，完全的隔絕才能斷絕過往，徹底融入當地。

薩滿太太是這裡的廚娘，晚餐備妥便吆喝大家趁熱吃，蔬菜炒飯搭配兩片餅乾，清淡爽口且不油不膩，這是儀式前的最後一餐。入夜後一片漆黑，園區內點了三五根蠟燭，偶爾有人趁著夜色彈奏不同樂器，在這個遠離塵囂之處，樂聲顯得格外空靈。

晚上八、九點儀式開始，大家繞著營火男女交錯手牽手圍成一個圈，薩滿口中念祈禱文：「感謝上蒼賜給我們這個禮物，感謝有這個機會與大家齊聚一堂，我們要尊重草藥、尊重這個原生叢林，並且祈禱她帶給我們正面能量。」我們跟著念祈禱文，然後在四周鋪上床墊就坐，草藥調製完成後薩滿指示大家依序前往，薩滿的女兒這時也換上傳統服飾坐在一旁協助，只要喝完藥草汁的，她便遞上一小杯水讓你潤喉。

草藥汁由兩種植物熬製而成，是亞馬遜森林獨有的藤類，採集與熬製的過程需要花上三天三夜，比例的調配與熬煮的步驟都要經過特別的訓練。

與死亡
擦身而過

　　開始的一個多小時大家都靜靜地，在自己的一小塊坐墊上或坐或躺，我在自己的位置上躺著，仰望星空，感覺非常寧靜。藥效發作後嘔吐聲此起彼落，這是第一階段。每個人對這藥草汁的反應都不太一樣，有些人嘔吐，有些人會腹瀉，特別是第一次嘗試的人會有較劇烈的反應，這個程序他們稱為「身心靈的淨化」，目的是把所有污穢之物排出體外，精神才能昇華。我們圍繞著營火，薩滿拿起吉他唱起一首又一首美妙的歌曲，那音樂彷彿具有魔力，可以直搗靈魂深處，把你深層的恐懼揪出來。

　　科學研究證明特定頻率的音樂可以幫助人們打開靈魂之眼，也就是俗稱的第三眼。在各種文化中都能找到例子，印度發源的瑜珈靜坐冥想、佛教的禪修打坐、亞馬遜雨林的草藥儀式，都用音樂來輔助。

儀式開始前大家聚在一起閒聊。

儀式舉辦之地通常都在人跡罕至之地。

音樂開始之後，嘔吐聲漸漸散去，來到了第二階段。周遭的夥伴產生不同的反應，有人全心投入音樂跟著哼唱，有人舉起雙手在空中揮舞，彷彿把玩著一股能量，也有人喃喃自語淚流滿面，每個人都沉醉在自己的世界裡。薩滿與女兒拿著檀香燻煙一個個就近關心，檀香是拿來驅邪的，薩滿在療程進行時可以感應到所有人的能量，若是有反應過於激烈的患者，他們就近協助排除。

　　音樂暫停了一陣子，此時薩滿發放第二杯藥草汁，需要的人可以排隊領取，這是第三階段。

　　除了嘔吐、腹瀉以外，夥伴們開始與親近的朋友分享他們的經驗，我看到周遭人相互擁抱傾吐心事。待一切都差不多結束後，天空開始飄起細雨，大家把自己的床墊移到裡頭，紛紛入睡，輕音樂持續整晚，睡夢中還依稀可以聽見。

　　每個人對草藥的反應都不同，每一次的療程也有可能產生不同的反應，很難一一闡述。艾力第一次的療程在草叢邊看見很多顏色的能

離開亞馬遜雨林，再次回到哥倫比亞首都波哥大，雨林偏鄉到高原城市，有極大的反差。

量光，經由感知進而把玩這些能量光，他說這是大自然的能量光；第二次他感受到身上有無比的能量，似乎自己前世是個薩滿，協助村裡的人排解問題；第三次藥草汁一下肚他感到非常平靜，想起家人朋友，以及經歷過的幾段感情。以往對於一些敏感的人事物總是避而遠之，而且充滿怨懟，但這一天當他回想起生命中曾佔有重要位置的人，他感受到滿滿的愛，看清了當時的狀況，一些無心之過傷害了彼此，他在療程中原諒了對方，也原諒了自己，再一次對這世界充滿了愛。隔天早上他告訴我：「I made peace with my past.（我與自己和解了。）」這是他來到拉丁美洲的目的，拋開過去的包袱，重新開始。

在同一次療程中，民宿小弟胡安到了另一個時空，他描述當時的情景發生在某一個星球，身邊圍繞著外星人，吃著奇形怪狀的食物，他說他有好多疑惑，希望未來的療程能夠找到答案。

而我，參加了兩次儀式，除了感覺平靜以外，沒有太戲劇性的反應，當下的我其實有些沮喪。「喝下藥水的那一刻妳心裡想著什麼？」胡安問我。「沒想什麼，也不知道該想什麼。」

「Ayahuasca 會選擇產生的反應，以及是否產生反應，也許是妳現在沒有狀況需要處理，也許妳已經找到了人生的道路了，種種原因都有可能，我沒辦法給妳答案，但是如果妳相信它，即使當下沒有感官的反應，這藥草會持續在體內發生效應。」由於沒有太嚴重的問題極需要解決，我就打住不再參加了，幾週後我離開了這小鎮，獨自往南旅行。

四月初的一個凌晨，我在玻利維亞的民宿做了惡夢驚醒，夢中的情境栩栩如生，我看見童年的那個自己，在母親面前努力企求關愛，得到的是黑壓壓的沉默。我在夢中號啕大哭，醒來後依舊呼吸急促且淚流滿面，我告訴自己：「創傷已經撫平了，沒事了。」童年的自己很認真地在家中尋求愛，嘗試著定義自己，找到歸屬感，但是從沒有得到過期望的回應，然後我長大了，童年逐漸被淡忘。

原來傷痛可以被遺忘，卻不會消失，它會在你最脆弱的時候，悄然出現。

當下想起了幾年前在印度的修道院待了兩週，每天早起做瑜珈靜坐。修道院的主人是一位功德無量的大師，走遍印度各個角落濟弱扶貧，他的夢想是解決印度用水與貧窮的問題。每當他回到修道院時晚上都會在小花園裡傳道解惑。

這一天有位中年婦女提出問題：「What is love?」大師回答：「愛的定義可以很廣，沒辦法一一闡述，我先說明什麼不是愛。每個人在成長的過程中都會有一些小創傷，拿孩子們玩的積木做比喻，好像心裡有不同形狀的洞，正方形的、圓形的、三角形的，然後我們帶著圓形的空洞找人填補，當遇上了一個圓形積木的人，我們很興奮地感覺生命完整了。但這樣的感覺通常只能維持一陣子，因為人都會變，隨著時間的流逝，圓形的洞慢慢變成三角形，而圓形積木的他變成正方形，於是我們開始感到慌張，因為信以為真的愛不再完整。這是我們常犯的錯，**因為愛不是找人來填補空洞，我們要先撫平創傷，用健康的自己去找尋一個健康的靈魂。」**

　　醒來之後腦中浮現的是Ayahuasca，這是草藥治療會產生的反應，在一個月後發生了。

後記：離開莫科阿七天後，下了一場暴雨，土石流淹沒了整個村莊，三百人死亡、傷者無數，有種與死亡擦身而過之感。

05 Chapter

突 如 其 來 的 違 和 感
聚首·南美三部曲

當幻想的薄紗被揭開，

真實呈現在眼前，

卻遠不如心中設想的美好。

South America

#1

秘魯
不批判的國度

　　從波哥大飛往利馬（Lima）時，在機場睡了一夜。三月底的秘魯，正好遇上大洪水，多處道路坍方，從利馬進出各大城市的交通完全封閉了。我打消了進利馬遊覽的念頭，也省了二十四小時巴士的舟車勞頓，直接飛到庫斯科（Cuzco）。

　　利馬在太平洋沿岸，是南美洲少數幾個在平地的首都，從利馬到其他主要城市，都必須翻山越嶺。秘魯國土呈長方形，西北到東南四十五度斜掛在南美洲西邊，安第斯山脈從北邊的委內瑞拉，緊挨著太平洋沿岸，途經哥倫比亞、厄瓜多、貫穿了整個西部秘魯、玻利維亞，一直延伸到智利南邊去，是南美洲最巍峨的山脈群。

巴拿馬
委內瑞拉
哥倫比亞
蘇利南
莫科阿
厄瓜多
祕魯
巴西
利馬
庫斯科
玻利維亞

　　飛機一起飛我睡意全消，一座接一座山緩慢地掃過
眼前，偶爾可見峽谷中零星的小村落，這是一種與世隔
絕的美，我的視線從小村落一路走下山，心境也跟著到
那山谷中遊覽了一圈，很好奇這些人在荒郊野外是怎麼
生活的？一個半小時的航程都沉浸在這樣的思緒裡，這
就是安地斯山脈，人家說百聞不如一見，一點也不假，
再多的文字都無法描述我心中的震撼。

庫斯科民宿，貌似臺灣的三合院，在忙碌的觀光大城添加一點悠閒感。

古柯葉。機場出來的轉角放了一大盆，供大家自由拿取。

庫斯科古城是山中的大城市，海拔3400公尺，亦是舊時印加古城的首都，所有前往馬丘比丘的遊客都會以此為據點，先在這兒落腳，讓身體適應高山稀薄的空氣。結束馬丘比丘行程，多數人也會回到庫斯科，休息片刻再前往下一站。

抵達庫斯科機場，隨著人群走，領行李前的轉角處有一盆古柯葉，上面寫著「COCA LEAVES 3 ONLY」，一家佛心的旅行社提供免費古柯葉，我也順手抓了幾片往嘴裡塞，就是吃乾葉子的概念，咀嚼久了舌尖會微微發麻。Coca是古柯鹼的原料，當地人把古柯製品融入日常，嚼古柯葉、喝古柯茶、吃古柯糖，這些都有助減緩高山症。街上的小販、餐廳與商店四處可見古柯製品。

庫斯科雖是座大城市，卻沒有城市的傲氣，整座古城都還保存傳統的建築，入住的民宿距離

武器廣場（Plaza de Armas）僅五分鐘腳程，在主要道路上，身後車水馬龍，關上門瞬間安靜了下來，ㄇ字型的木製建築好似臺灣的三合院，抬頭便是山景，令人心曠神怡。老闆領我上樓到背包房，房間簡單舒適，共有五張床，每張床上有兩塊羊毛毯，晚上想必很冷吧。

一進門就看見一個法國女孩露西亞，給了我一個特別溫暖的微笑，不是拉丁美洲那種浮誇的熱情，而是淡淡的，卻充滿善意的溫暖。「妳在這住多久了？」我詢問。

「兩週了，我在寫一篇關於印加文明的論文，來這做研究。」露西亞說：「彩虹山上有一個小村落，從那裡往裡面走三天可以到達一個印加遺址，跟馬丘比丘一樣是個蓋在山中的莊園，但是由於路途遙遠，所以至今尚未有觀光客。」

「哇！要走三天三夜，有其他交通工具能到嗎？妳什麼時候過去？」如果時間搭得上，我也想跟她走一趟。

「都是山路，上上下下的，交通工具都去不了。我在等我朋友的回覆，他住在山腳下的村落，沒有他帶路我也走不了，但妳知道拉美人的做事效率，他們常常幾天都不看手機的。」這樣一個人跡罕至的遺跡，令人心嚮神往。

「我在秘魯住了一年，大部分時間都在利馬大學，偶爾才過來這裡。」露西亞説。

「妳喜歡秘魯嗎？」我只是個過路客，如果能從久居在此的外地人口中得到評價，肯定是最直接的。

「我很喜歡這個國家，特別是秘魯人總給人一種很舒服的感覺，跟法國很不一樣，法國人充滿批判性，每一句話都對別人、對自己，也對國家社會批判，雖然以前不自覺，離開之後才發現其實壓力很大而且多數人都不開心。在秘魯生活很輕鬆，因為沒有人會評論你的任何事情，每個人都很自在開心地活著。」

在臺灣也是，批判是我多年來急欲掙脱的。原來我一直在找尋的，是我們文化裡缺乏的自在，那是一股推力，把我往外推，推到澳洲、亞洲、歐洲，現在來到拉丁美洲。不確定要花多久時間，也不確定能否找到答案。

193

#2

橫跨
半個地球的重聚

在庫斯科總共住了一週，古城群山環繞，三步一古跡五步一廣場，有一種回到過去的感覺，雖然有許多來來往往的觀光客，但是整座城市有種寧靜的氛圍，好像大家都被庫斯科的宏偉震懾住了，一時之間忘了言語。我在太陽神殿旁邊挑了個板凳坐下，看著身邊人來人往。

庫斯科太陽神殿，擦
皮鞋的小販在入口處
出沒。

「要擦皮鞋嗎？」一個在地人指著我的登山鞋問。

「要多少錢呢？」自從在莫科阿買了這雙鞋，都沒
能好好照顧它，擦一下皮鞋也好。

「兩索拉，我這邊剛好有妳鞋子的顏色。」

擦一次鞋只要臺幣二十元，非常便宜。「我幫妳加
這亮油，看起來比較平滑，好像汽車打蠟那樣，也可以
撐比較久。」邊說他就邊把亮油加進去，擦擦弄弄了許
久，總算好了。

「五索拉。」他說。

「你不是說兩索拉嗎？」我辯駁。

「加亮油升級了，所以要五索拉。」

195

庫斯科街頭,指揮交通的女警
穿著緊身褲。

民宿隔壁的在地餐廳,3.5索拉約
臺幣35元,平價美味。

　　大城市總會遇見這樣的狀況,你說這是欺
騙,倒也不至於那麼嚴重,他們只是想盡辦法在
找尋生存之道罷了。二十元或五十元,對我們來
說都是便宜,也許能讓他家裡人晚餐多一道菜,
也或許在他擦了無數雙皮鞋後,拿去買一支名牌
手錶。

　　這是我唯一一次擦鞋，後來在市場買了鞋油與刷子，倒不是因為他坐地漲價，而是我向來不喜歡人家在我面前跪坐服務，我不想高人一等，也不想矮化別人，人生而平等，不論膚色、國籍、宗教、貧窮或富貴。

　　與西恩約在庫斯科碰面，還有幾天時間，我獨自到玻利維亞辦事處把簽證給辦了，再一路走回來，兩公里半的路程，我一路走走停停。庫斯科是個精緻的古城，一九八三年被列為世界遺產，城區裡隨意走走心情都特別愉快，但就如世界上其他世界遺產一樣，一但被貼上此標籤，觀光客絡繹不絕，往往就失去了原味。

　　城內建築古色古香，每個轉角都有驚喜，而在城外，看似破舊醜陋的房子裡，是最平凡的日常，而這正是我想看見的真實。特別喜歡鑽到市場裡四處看看，**市場是一個城市的縮影，是庶民生活最真實的樣貌。**

又髒又亂的市場，當地人與我攀談，與我介紹新鮮可口的在地美食。秘魯是個親切的國度，滿街平價的紀念品店，正常運作的郵局，就連說話速度也較其他國家慢一些，平實易懂。

西恩是我四年前在印度認識的朋友，我們同住在一個修道院裡，那時每天兩次瑜珈靜坐課程，白天到恆河的對岸去曬太陽，日落時參加拜日儀式。在修道院裡我們交談的不多，也許是不想打破當下的寧靜，直到快要離開時才與西恩與這一夥人搭上線。

若不是心裡有事，不會到印度去旅行，我們一夥人都在人生的轉捩點上迷失了，於是暫停手邊的一切到印度自我放逐，為的是找到繼續走下去的勇氣。

西恩是裡頭最安靜的一位，他話很少，總是靜靜的在一旁，眼神的聚焦點始終在遠方。後來才知道，他剛結束一段九年的感情，在離婚的隔月他辭去工作飛到印度，因為印度是他前妻最不願意造訪的國度。

庫斯科街頭。

庫斯科的明信片，與街道一樣色彩繽紛。

我們一夥人在印度從北到南走了一個多月，互相陪伴，偶爾交談，但是更多時間我們都靜默著，與自己對話。心中的許多猶豫提起又放下了，在充滿不確定的未來路上，我們給予彼此養分與力量，現在想來心頭依舊是暖暖的。那年我們一起在孟買跨年，並約定好每年都要一起聚聚，但是卻始終未能成行。旅行時的約定，回到現實後竟如此難以兌現，也許是我們都與生活妥協了。

　　庫斯科的住宿含早餐，每天早上老闆看見你下樓，他會走過來詢問：「要煎蛋還是炒蛋？」然後親自做早餐給你，一顆蛋搭配兩塊麵包，當地人都是這麼吃的，民宿還提供全天候無限供應的茶水與咖啡，不需要出門就能享受的熱飲，感覺格外溫馨。那天吃早餐時，西恩從他房裡走了出來。

　　戲劇性的一刻發生的當下是如此理所當然，我們給了彼此一個擁抱，簡單的寒暄，好像碰面是一件平常的事，其實心中萬語千言。南美洲是距離臺灣最遙遠的地方，若真要相比，澳洲來到這兒也是同等遙遠，旅行時的約定可以只是兒戲，也可以很認真，我們飛越了半個地球在一座南美洲千年古城中碰面了，想來都覺得不可思議。

　　「既然來到南美洲，不如就順道看看馬丘比丘吧！」

#3

歐雁城
山中平凡的快樂

　　西恩出現後我們一起規劃這趟印加旅程，詳細一問才發現馬丘比丘一點也不簡單，古蹟蓋在深山裡，進山的過程極度複雜，老闆指著牆上的手繪地圖與我們解說：「你們先坐車進山裡，然後換另一輛車，再走九公里路到熱水鎮就到了，交通會花一整天的時間，你們要早點出門喔！」

庫斯科民宿老闆的手繪地圖，從庫斯科到馬丘比丘必須翻山越嶺。

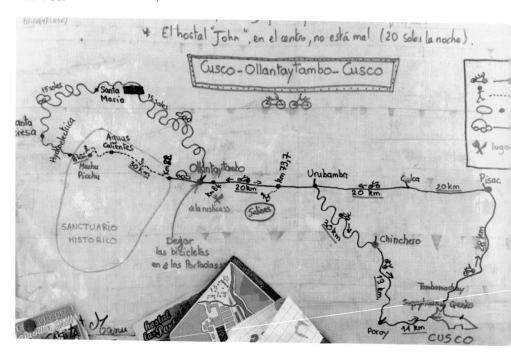

「有火車能到嗎？」我問。

「有火車，但是車票要提前預訂，你們明天就要去
肯定是買不到票的。」

我們把大背包寄放在庫斯科的民宿裡，帶了一套衣
服與簡單的盥洗用品，就往巴士站去，我們決定先坐車
到山中小鎮歐雁城（Ollantaytambo）。

前往歐雁城的小包車很多，都是私營的，我們隨性
地跳上一輛麵包車，一個多小時路程就抵達歐雁城。歐
雁城是個很美的山中小鎮，兩條道路包圍中心的小廣
場，身後群山環繞。這裡的海拔下降到兩千八百米，氣
溫升高了不少，非常舒適。

歐雁城民宿的後面是印加遺址，遠遠的可以看見許多觀光客穿梭在石頭間。

　　下一站到水電城（Hidroelectrica）要五小時車程，我們決定就在這裡住一晚，鑽到巷子裡尋找住宿，一位老先生探頭出來詢問：「要找住宿嗎？」旅遊淡季人跡罕至，民宿空蕩蕩的，老闆讓我們以優惠的價格入住。

　　歐雁城也是印加文化小鎮，仰望周邊的山，隱約可見一排排的建築與螞蟻大的遊客，少了城市的吵雜，這樣的安靜祥和讓人覺得很舒服。廣場四周被餐廳圍繞著，入夜了一群人拿著菜單出來吆喝招攬生意，我們繞過這些餐廳，穿越巷弄來到一個市場，採買蔬果帶著路上吃，順便把晚餐解決了。

　　在印度的時候，西恩買東西從不看價格，以前老覺得他闊氣，後來才慢慢理解，澳洲鐵路工

歐雁城民宿在一條可愛的石頭小巷裡。

歐雁城民宿轉角。

程師時薪高達90澳幣（在當時約臺幣2700元），到全世界物價最低的幾個國家旅行，絕對是可以橫行無阻的。印象最深刻的一次，我們去參觀一個皇宮，結束時他與門口的警衛攀談，警衛身穿制服氣宇軒昂地說他一個月薪水6000盧比，離開後西恩沉默了一會兒說：「那是我一個半小時的工資。」我們時不時遇見街上乞丐，西恩總會丟一些散錢到他們碗裡，雖然知道於事無補，但這些小舉動會讓心裡好過一些。

這一次在秘魯，西恩也跟著我鑽到市場裡，找路邊的小攤販。原來是前幾個月在哥倫比亞交了個女朋友，到處遊山玩水把錢都花光了，每天聽他喃喃自語計算著：「我現在剩下900美……

歐雁城街景。

還有五週……扣掉亞馬遜河大蟒蛇的行程100……嗯！今天可以喝一瓶啤酒。」我們買了市場口的串燒跟兩瓶啤酒就坐在路邊吃喝了起來。歐雁城的夜晚非常寧靜，無雲的天空掛滿了星星，感覺離我們很近。

馬丘比丘回程我們刻意在歐雁城又停了一晚，民宿老闆很開心地接待我們，來到市場前，兩支串燒一瓶啤酒，一份簡單的晚餐卻帶給我們無比滿足，喜歡一個地方，有時候是因為它的景色，有時候僅僅是因為喜歡這裡的氛圍。

隔天退房時，老闆說：「有空再回來玩！」我想這大概是最後一次見面，旅行中遇見的人就像幻燈片一樣一張張快速播放，我們被時間推著往前走，來不及駐足。

走在往馬丘比丘的
鐵軌上

　　早上九點半啟程，麵包車直奔水電城，地圖
上短短的距離卻要開五小時才能到達，彎彎曲曲
的山路，比九彎十八拐再彎曲個一百倍，顛簸的
山路加上高山稀薄的空氣，那是我人生中最難熬
的五小時。有幾次在恍惚之中感覺到車子停了下
來，抬頭一看前面因為土石流道路封閉，右邊山
壁上流石滾滾滑落，滑過五米半的道路，直下懸

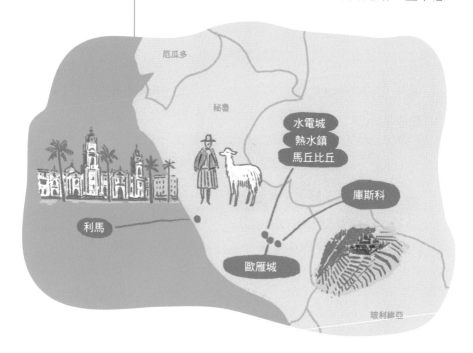

厄瓜多

秘魯

水電城
熱水鎮
馬丘比丘

庫斯科

利馬

歐雁城

玻利維亞

崖。兩側有當地人協助指揮，約莫等了五分鐘，砂石流速減緩了司機才加速衝過流石區，這一幕驚心動魄。

麵包車裡全都是外國旅客，沒有半個秘魯人。前往馬丘比丘只有兩條私營鐵路，秘魯鐵道與印加鐵道，車票採配給制，一部分保留給當地人，剩下的開放給外國遊客。秘魯人坐火車便宜，來回馬丘比丘只要臺幣兩百元，外國人卻要臺幣五千元，價格直逼瑞士鐵路。大部分背包客支付不起高額車票，就只能冒著生命危險坐顛簸的麵包車。

列車經過時鳴笛警示，列車長也會探出頭來與我們打招呼，提醒行人注意安全。

水電城是個莫名奇妙的小地方，就是個休息站的概念，一個火車站加上兩間餐廳，除此之外什麼都沒有，沒有鄉下人家也沒有商店，卻是到馬丘比丘的必經之處。

　　所有的巴士都在下午二時抵達，包含我們大約有一百多人在這鐵軌上走著。那是一個陰天的午後，走沒幾公里開始飄起綿綿細雨，卻沒有人因此感到煩躁，鐵道緊挨著山壁，遠方群山雲霧繚繞，實在太美了。

　　沿路的標語寫著「鐵軌危險，請勿停留拍照」，每天有數百位外國旅客在這上面走著，確實是一項奇景，鐵軌當然是危險的，若不是情非得已，我相信沒有人想這麼做。一個人做一件瘋狂事，你說他是傻子，當有數百人同時做這件瘋狂事，一切就開始有趣了。

　　山景虛無飄渺近在咫尺，身體雖是勞累的，內心卻是無比歡喜，好像小時候第一次參加校外教學一樣，內心充滿了雀躍與悸動。一路上經過的火車不少，在這一段鐵軌他們會刻意放慢速度，並且從大老遠就鳴笛警示，要我們注意安全記得靠邊，開過時列車長會在窗邊與大家揮手，彷彿在為我們加油打氣。我們走走停停聊天拍照，火車出現就靠邊站，九公里路走了三小時。

穿著雨衣走在鐵軌上，
這情景荒謬至極。

　　最後的三公里開始下起傾盆大雨，我們穿著塑膠袋雨衣快步走，還是偶爾被遠方的美景吸了魂而忘記行走，最後在入夜前抵達溫熱水鎮，雨衣遮蔽效果差，大家都全身濕透了。

　　以前講求效率，總習慣用最省時省力的方式到達目的地，似乎那樣才合邏輯。開始旅行才發現，路上慢慢走慢慢體會，花費時間與體力辛苦勞累的路程，更能細細品味路上的點滴，也越能發掘不同樣貌的自己。

　　熱水鎮（Agua Caliente）是一個新興的小鎮，座落在馬丘比丘遺址的正下方，近年來由於前往馬丘比丘的人潮絡繹不絕，讓這小鎮注入了生命力，秘魯政府改其名為「馬丘比丘鎮」。

熱水鎮蓋在鐵軌兩旁，乍看之下貌似臺灣的平溪老街。

進入熱水鎮之前，路邊出現幾位在地人招攬顧客，他們拿著名片積極地介紹：「民宿地點很好，有網路、熱水，樓下有餐廳，可以看看再決定。」

　　我們住在鐵軌旁的民宿，這一區好似臺北的平溪老街，民宿旁有一個傳統市場，一樓賣蔬果，二樓是美食廣場，擺設就像公館的水源市場那樣，一個個小攤位旁邊幾張椅子，吃完就閃人。我們找了一間客人很多的小攤，指著旁邊秘魯人吃的雞排飯說：「兩份，謝謝（Dos, por favor）。」搭配印加可樂，也許是一整天的行走真的累壞了，覺得眼前的雞排飯好吃到令人感動，馬上再加點了兩塊雞排。

　　正值雨季沒那麼忙碌，但遊覽的觀光客依舊絡繹不絕，為了早點進入馬丘比丘，我們到廣場買完門票，就早早入睡了。五點天還沒亮就起床，窗外下著毛毛細雨，出門時雲層慢慢散去，我們啟程往山上走。

熱水鎮 Agua Caliente

Agua＝水，Caliente＝熱，Agua Caliente通常指溫泉，拉丁美洲國家的地名很多都是這麼淺白，非常有意思。

鎮上有觀光巴士載客到景區入口（單趟12美元），我們依舊步行前往，一公里多的路全程上坡，花了我們一個半小時才到，每走幾步路再回頭都是不一樣的景緻，群山環繞的襯托下更顯得壯麗非凡，這是用身體的勞累換來的無價美景。

　　馬丘比丘為印加文化遺址，考古學家研究發現，她不是普通的城市，而是貴族的休養之地，大概像是古代皇帝的避暑山莊，這麼個窮鄉僻壤的地方，今天前往參觀都要花上幾天時間，若是在兩千多年前的印加帝國肯定要花上個把月的時間。印加人信奉大自然，對他們來說萬事萬物皆有靈魂，山林是有生命的，建築此城時為了不從山上切削任何石料，花了好多年的時間搜集周邊的大石塊，故而周邊的山脈依舊聳立雲端。

　　七成的遊客進園三小時便匆匆離去，回民宿打包行李，走鐵軌路趕下午兩點的接駁車回庫斯科，我們決定待上一整天好好看看她。遺址佔地廣闊，在這樣的美景環繞下，隨便找一片草地都可以坐上好一陣子。

　　拉丁美洲的文化與亞洲大相徑庭，觀光帶動經濟發展固然重要，多數的景區卻仍保有原始的風貌，這些山水都已存在千年之久，他們不為了一己私利而破壞自然，即使交通不便似乎也沒有人抱怨，山路崎嶇泥濘就慢慢開，反正總是會到

雲霧中的馬丘比丘。

的。馬丘比丘，有世界七大奇景之美名，我們花了兩天時間、換兩部麵包車、步行五個小時才到達，回程也花一樣的時間走一樣的路。這一路的艱辛反而為這壯麗的景色增添了許多神祕感，山頂上的果實特別甜，因為得來不易，反而令人更加珍惜。

回程的鐵軌路晴空萬里，邊走邊聊天沒一會兒就到了。巴士開回庫斯科，我們在歐雁城下車直奔烤肉攤，五日的馬丘比丘之旅畫下了完美的句點。

後記：馬丘比丘每年吸引百萬觀光客前往，已有學者反應過多的人潮導致景區地層下陷，2017年底把票種改為上午票與下午票，也限制每日入場人潮。然而秘魯政府在2019年宣布興建機場，無疑是雪上加霜之舉，未來令人擔憂。

#5

拉巴斯的
死亡與重生

　　從庫斯科到普諾（Puno），穿過全世界海
拔最高的迪迪喀喀湖（Lago Titicaca），來到
玻利維亞，這裡是全世界海拔最高的首都拉巴斯
（La Paz）。高海拔意味著寒冷，南美洲的低溫
是我們始料未及的，我與西恩恰巧都喜歡炎熱的
海灘，當初計畫旅程時刻意選擇了靠近赤道的國
家，卻沒把海拔給計算進去。

秘魯邊境趕羊的婦女。

　　抵達拉巴斯以後，西恩耳聞有個越野單車的行程「死亡公路」（Death Road），他青少年時曾經接受專業越野單車訓練，至今還充滿熱忱，他興致勃勃地說要參加，沒騎過越野單車的我也在他的慫恿之下報名了。出門旅行就要多嘗試，即使是聽起來很嚇人的行程。

　　拉巴斯往北一直走可到達亞馬遜雨林，中途必須經過永加斯路（Camino a Los Yungas），此路又分上永加斯與下永加斯，上永加斯沿著山壁與斷崖蔓延六十八

217

秘魯與玻利維亞的交界。

公里，平均路寬約三公尺半，舊時是通往北邊的
唯一道路，由於山路崎嶇，偶爾大雨造成落石坍
方，每年都有許多巴士跌落谷底，死傷無數，當
地人稱之為「死亡之路」。近年來地方政府新建
了一條公路取代永加斯路，而舊公路少了繁忙的
交通，反而吸引來越野單車的狂熱人士，成為一
項新興的運動。

　　早上八點半在青年旅社集合出發，這團除了
我們倆個外還有一個法國年輕人阿諾，三個人迷
你小團有一個司機加一個嚮導服務。車子往城外
開了四十分鐘在路邊停下來，海拔四千多公尺，
身旁的雲霧繞著山轉啊轉，好似有精靈在裡頭跳
躍。沒太陽的地方寒風刺骨，窗外的景緻縱使令
人震懾，車門一開冷空氣馬上就把我們拉回現
實，穿戴了一堆衣物還是鼻水直流，我想處於美

景之中有時候確實必須付出一點代價吧。

　　嚮導艾迪卸下單車與裝備，吩咐我們著裝，我穿登山褲、登山鞋、T恤及帽T，套上公司準備的護肘、護膝、防風外套與防風褲，再加上手套與安全帽，活像是重機騎士，雖然看起來是誇張了些，我想面對死亡之路還是安全至上，千萬不可馬虎。

　　試騎了一小圈我們就出發了，從路邊開始騎，柏油路下滑了二十五分鐘，除了控制方向以外，不需要任何特殊技能，姑且稱之為暖身期。艾迪要大家在山洞前停下來，由於山洞裡頭能見度不佳禁止單車進入，只好從旁邊的石子路騎過，這三五分鐘的石子路對於新手來說有些吃力。但是與接下來的路段比起來，這只是入門罷了。

　　我們來到死亡之路的入口，開始行程的重點。六十八公里路，除了一小段上坡以外，其餘都是下坡，驚險刺激

我們的變速越野車。

突如其來的違和感——**聚首‧南美三部曲**

踏上死亡之路，向這
個世界說「再見」。

而且不太費腳力。艾迪的單車比我們的功能性強
得多，當然他的技術也比我們好得多，我們一輩
子體驗一次的活動是他每天的工作，做自己喜歡
的工作並且從中獲得酬勞，是多幸福的一件事。
他先是在前方領路，偶爾放慢速度手握相機幫我
們拍照攝影，然後再超越我們到指定地點錄影，
可惜的是公司的相機老舊，拍出來的畫質很差。

　　死亡之路雖然危險，山崖的景緻是令人屏氣
凝神的美，在路寬三米半的斷崖上行駛，要專注
看著前方的窟窿，又要不被遠方的美景吸引目
光，還真不容易。下坡路段縱使不費腳力，用盡
全身的力量緊握住手把也是挺費勁的。西恩騎在
最前方，法國男孩阿諾壓後，最弱的我在他們兩
個中間。

一開始我非常緊張，手把握得太緊，大小不一的石子路騎下坡，震動讓整個手臂肌肉僵硬，一邊是山壁一邊是斷崖，深怕一個閃神就跌了下去。也因為是三個人的小團，行進的速度要比其他團快得多，我整路緊緊跟著不想拖累隊友，在我前面的西恩一手拿GoPro自拍棒攝影，一手控制方向，怡然自得的樣子，果然訓練有素，令人嘖嘖稱奇。

慢慢習慣單車的震動頻率後，速度也控制得不錯了，有多餘的心思可以抬頭看看四周壯麗的山，這樣的景色如果能停下來好好欣賞該有多好。正當我自信滿滿覺得已經完全掌握訣竅時，一個沒留意手滑就摔了出去，回過神後自己躺在石子路上動彈不得。

阿諾第一時間跳下車來協助，我試著要站起來但手臂完全使不上力，他要我在原地待一會兒先別急著動，與阿諾雖是早上才認識，他卻毫不猶豫的協助，這一丁點關懷都給了我極大的力量。這時嚮導艾迪雨西恩都在百米外，並且持續前進中，錯過了這戲劇性的一幕。

摔倒的當下我內心非常掙扎，身體瞬間受到驚嚇動彈不得，而腦中的反應是：「還不到一半，我不想放棄！」

我在路上躺了兩分鐘，用大腦掃描全身檢視傷處，大腿左側有一個巴掌大的瘀青，這是最

嚴重的部位，還有右手掌心以及全身上下大小不一的瘀青，其餘無大礙。驚嚇感過了以後，我試著動動手指，握拳再打開，然後雙手一撐就站了起來，跳上單車又上路了。兩分鐘前我還以為人生就這麼結束了，現在依舊生命力十足，過去與未來許多已發生與可能發生的片段在腦中閃過，猶如人生跑馬燈，伴隨著我走完後半段的旅程。

下半場難度還更高一些，一下是裂了整條的窟窿，一下要穿越瀑布與路邊的小溪，一丁點震盪掌心的瘀青好像有一股電流通過全身，也許是這樣更加提醒自己要謹慎小心，就這樣帶著滿身瘀青騎完了後半段。

抵達終點時不禁眼眶泛紅，我完成了，我做到了。旅行中很多時候體力透支了，是意志力拖著我的身體完成任務。

#6

荒蕪的
白色大地

拉巴斯到烏尤尼（Uyuni）車程九小時，我們選擇坐夜車前往，省下一天房間錢，又多了一個白天，覺得很划算。不知道是不是車票買貴了，售票員拿到票以後對著一旁的女孩竊笑，口中喃喃自語：BOB90（約NTD395）。

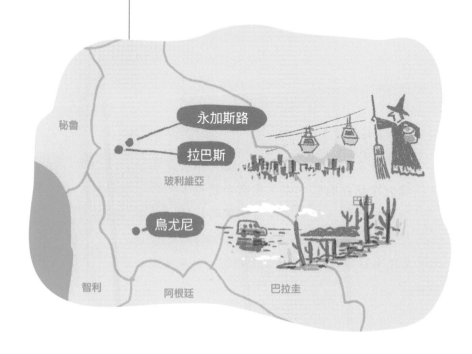

秘魯

永加斯路

拉巴斯

玻利維亞

烏尤尼

智利　　　阿根廷　　　巴拉圭

海拔4000公尺的沙漠，白天日照旺盛，午餐後的我們在大石頭上曬太陽取暖。

　　清晨抵達，一下車我們睡眼惺忪地扛起背包往鎮上走，街上非常安靜，對這小鎮的第一印象是荒涼。這個時間大家都在熟睡之中，民宿老闆也不例外，我們厚著臉皮按門鈴，趁老闆睡意迷濛時殺價。大部分遊客都是清晨抵達，很多民宿業者趁亂打劫多收一晚提早入住的費用，我們確認清楚以後，馬上進房倒頭大睡。

烏尤尼是個沙漠中的小鎮，白天日照旺盛，夜晚低溫寒冷，整個鎮非常小，街上也鮮少看見遊客，所有觀光客需要的商店、餐廳、旅行社都聚集在一條兩百公尺的街上，出了這條街，道路依舊筆直往南北延伸，我走到馬路中間，黃沙陣陣吹來，拍打在路中央的裝置藝術，就是不見半個人影。

　　這裡是進入鹽沼的必經之路，多數旅客在抵達之後找行程，隔天就離開了。我們在這裡待了三天，恰巧碰上週末市集，平常安靜的街道上擺滿了琳瑯滿目的商品，方圓百里的所有人都攜家帶眷來到鎮上，熱鬧非凡。大部分是日常用品與衣服，我買了一包棉花棒，其他時間就來來回回走，看看街上的熱鬧。

　　原本計劃在玻利維亞多待一會兒，天氣的冷冽讓我們吃不消，鎮上來回走了幾次以後，大部分時間都在民宿裡窩著。與秘魯的馬丘比丘相比，烏尤尼的行程要單純許多，分別有日出團、日落團與沙漠三日遊，我們報名了鹽沼三日遊，從烏尤尼一路往西南走最後抵達智利北邊阿塔卡馬（Atacama），那是我們與姜戈約定碰面的地方。

　　六人一輛吉普車，搭配一個司機。每天下午，旅行社都會在門口貼名條，一張B5的色紙上寫了六個人名，我們的旅行社門口貼滿密密麻麻的一堆紙片，看起來生意不錯。

幾天沒用網路的西恩悶壞了，看到網路的標誌急忙排隊詢問。

　　一位中年西語司機隨團服務，同行的還有四位臺灣旅客，就這樣開啟了沙漠之旅。來到拉丁美洲已大半年，鮮少遇見臺灣旅客，難得有機會可以說說中文，雖然聊的是旅行，卻也讓我懷念起臺灣的一切，不知道是什麼原因讓我們在此時相遇，總覺得這三天的相處是要帶給彼此一些能量或訊息，我靜靜地感受著。西恩坐在副駕，前後都語言不通，就專注在他一人世界裡。

　　早上十點集合出發，車子往城外開，轉個彎就到了第一站鐵道廢棄區，這才發現烏尤尼確實是個非常小的城鎮，出了鎮一望無際的黃土翻飛，3700公尺的高海拔，萬里無雲之下陽光格外刺眼，原來高地的沙漠是長這樣的。我們在鐵軌旁下車，一排又一排廢棄貨運火車，數百位遊客爬上爬下，我總以為烏尤尼人煙稀少，原來觀光客都到這兒來了。

鹽沼裡沒有明顯路徑，來往
的吉普車只能靠經驗行駛。

西恩跳上第一個貨櫃，我也跟著爬上爬下。

司機大哥說這兒的鐵路舊時可直通阿根廷，方便兩國貨品往來，因政府與貨車公司勾結，運輸重心放在貨運上，鐵道年久失修，從此轉由公路運輸。火車的載貨量要比貨車多上數倍，且玻國公路穩定性低，直接影響貨車失事率，為了中飽私囊而犧牲國民安全與權益，真是一個令人傷心的故事。

烏尤尼鹽沼是全界最大的鹽沼，面積一萬平方公里，大約是臺灣的三分之一，這三日行程我

們在沙漠中穿梭，除了遍地黃沙以外，也看見此生最多的鹽。與馬丘比丘齊名，天空之鏡也是近年的熱門旅遊景點，來到這裡我才發現，天空之鏡只是其中很小的一個景點，讓我驚豔的是沙漠中的一片荒蕪。沙漠裡沒有路，司機只能憑靠自己的經驗找方向，在一片平坦的沙地上，每一輛吉普車都自由發揮，方向對了就能走到終點。

　　我們在鹽旅館用餐，圓弧狀的建築外牆都是用鹽砌成的，裡面一整圈的桌椅也是鹽磚製成的，特別的是，這裡什麼都不賣，借用桌椅吃飯也不收錢，就收你洗手間的費用，洗手、用廁所一次BOB10（約NTD40）。我正想著

蘆葦草是高山湖常見的植物，遠方有紅鶴鳥，山上微微積雪。

不知道有什麼好吃的，司機大哥桌巾一鋪，擺滿事先準備好的食物與餐具，一桶一桶的保溫盒，有米飯、蔬菜、豬排，飯菜都還是溫熱的。吃完後司機小心翼翼地擦拭碗盤與杯子，這三天的午餐都是這麼吃，早上請民宿老闆娘準備食物，有時在路邊的桌椅鋪上桌巾，就坐下來飽餐一頓。

晚上入住鹽磚與石塊混合砌成的民宿，桌椅是乾掉的仙人掌做成的，當地人就地取材，成了最美麗的裝飾，路邊的告示牌也都用仙人掌製成。

從這裡到智利北部，高海拔加上無光害，是全世界最適合觀星的地方，晚上吃飽飯走出門，肉眼就能看見的星空滿天，那是我生命中最多星星的夜晚。

　　玻利維亞是南美最貧窮的國家,因為政治腐敗導致
民不聊生,其實國內礦產非常豐富,大片鹽沼含有豐富
的鋰礦,另有石油與天然氣與其他金屬礦,政府沒有足
夠的資金開採,也不願意接受外資介入,以資本主義的
角度來看,覺得他們好傻,是坐在黃金上的乞丐,如果
我們換個角度看,這也是尊重原生土地的一種方式。

沒有邊界的
國度

　　烏尤尼旅程的最後一晚，司機大哥拿出紅酒與大家舉杯，慶祝我們一切平安，晚餐後還有甜點，在沙漠中有這樣的豪華晚餐我們非常感恩。

　　第三天，天還沒亮我們就出發，前往間歇泉，來到這裡海拔已經到達4800公尺。從烏尤尼出發海拔一路攀升，外頭豔陽高照，坐在車裡會被這強烈的陽光所欺騙，以為是溫暖的，殊不知車門一開寒風就灌了進來。

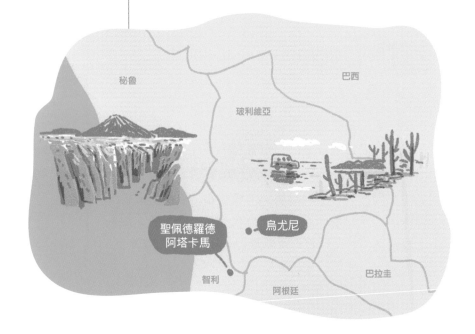

秘魯

巴西

玻利維亞

聖佩德羅德
阿塔卡馬

烏尤尼

智利

巴拉圭

阿根廷

在摸黑的路上開著，遠方一點一點光亮都是前往間歇泉的吉普車，司機之間存在著微妙的默契，前面由幾位經驗豐富的沙漠高手開路，中間夾著新手司機，後面再尾隨幾位老手，同業之間存在一種和平的氣氛，就如整個拉丁美洲散發的祥和。天微微亮時抵達，間歇泉是溫泉的一種，地下水變成蒸氣而噴出，我們站在冷冽的寒風中，想盡辦法靠近溫熱的噴泉取暖，又盡可能不讓自己掉到洞裡頭。

離開前與司機合影。

溫泉是我整趟旅程中最期待的，這麼冷的天能夠在熱水裡泡一泡，是一種奢侈的享受，而且因為這幾天晚上很冷，熱水澡需另外付費且環境不佳，我們都好幾天沒洗澡了。這是沙漠生活，沒水沒電對他們來說是常態，更別說網路了，民宿老闆還拿著黑白螢幕的NOKIA手機，沙漠裡的居民也許一輩子都不知道網路是做啥用的。

　　在一片荒蕪裡遊走了三天，除了少數幾隻駱馬外，偶爾看見仙人掌，其餘時間都是沙子與岩石，完全與外界脫軌，世世代代住在沙漠裡的人靠什麼維生？

　　看完了綠湖（Laguna Verde），在邊界與大家告別，我跟西恩背著背包坐上巴士前往智利。他們四人一步一回首，坐上車以後搖下窗戶頻頻揮手，心中充滿不捨，當時沒有回臺灣的計畫，也沒料到未來的我們居然會變成很好的朋友，緣分是這麼特別的，總把磁場相合的人拉在一塊兒。

　　然而旅行中由不得你遲疑停歇，才揮手道別，一轉身又得迎接新的挑戰。

　　前方的破水泥屋上面插著玻利維亞國旗，是玻國的邊境控管「MIGRACION BOLIVIA」，跟著人群進辦公室，被迫繳交玻幣10元的離境稅，這一條不存在簽證條款上，玻國政府專員貪污嚴重

我們早有耳聞，這玻幣10元想必就是進了他們幾位的口袋裡，西恩試圖跟他們爭辯，不付錢他們就把你晾在一旁，最後還是扭不過，花錢了事。

玻國的沙漠區沒有所謂的道路，在烏尤尼是石磚砌成的馬路，進了鹽沼沙漠區就是整片的鹽田與整片的砂石路，沒有柏油路，大部分時候就是自由發揮，正所謂：路是人走出來的。

一進入智利國土我們就強烈感受到差異，一條國界劃分了貧與富，智利的公路系統是歐洲的規格，整齊劃一的柏油路，乾淨俐落，公路旁的指標清楚明瞭，司機用西語加標準的英語介紹途經的地形景觀：「大家好，歡迎乘坐前往智利的巴士，我是您們的司機，名叫荷西。大家都參加了烏尤尼三日遊，玻利維亞西南邊海拔從3700公尺到4800百公尺，屬高原沙漠氣候，天氣酷寒，我們現在要前往智利北邊的聖佩德羅阿塔卡馬（San Pedro de Atacama），沙漠中的綠洲城市，海拔2400公尺，終年恆溫、氣候溫和，適合人居住……現在在您的右手邊是塞雷卡布爾火山群，也是阻隔智利與玻利維亞的天然國界……。」

右邊的山坡上出現一整群的駱馬，可愛的司機大哥停了下來讓大家拍拍照，自己也看得新鮮，停了幾分鐘以後再次起步緩緩駛離，繼續往阿塔卡馬前進。這趟車程給了我智利的第一印象，親切友善，並且人民想必是富足的。

打從在玻利維亞邊境控管蓋完章以後，我就不斷找尋智利的辦公室，在歐洲、亞洲、拉丁美洲各國走陸路穿越邊境的經驗常常有，大部分的邊境控管都像鄰居一樣，到這個辦公室蓋完章表示出境了，接著走幾步路就到下一國的辦公室蓋章，表示入境。我們的巴士都開了數十里，卻遲遲未見智利辦公室，而且全車沒有任何一個人質疑這一點，身為一個守法公民的我開始緊張起來，我們這豈不是非法入境嗎？

　　一個小時後抵達阿塔卡馬，司機在路邊一個不起眼的建築物前面停了下來，請大家帶著行李下車，窗口這邊蓋了章以後，把行李帶到旁邊的X光機掃描，就算是完成手續，要進城的可以再度坐上車。

　　我無法掩飾心中的驚訝，從下車到上車，沒有工作人員檢查你是否完成手續，完全自由心證，事實上自從離開玻利維亞邊境，路上沒有見過任何國家級的工作人員，也許是方便官員上下班，這就像國家森林公園管理處不設置在公園入口，卻把辦公室搬到家門口。如此隨性的邊境，難道不擔心非法入境？

玻利維亞邊境，沙漠中一個水泥平房裡蓋完章就完成手續。

在阿塔卡瑪
響起熟悉的吉他聲

姜戈是阿根廷人，在印度時他就是團體的開心果，總是充滿熱情，而且從不畏懼，好像天塌下來他會給我們頂著，倒不是他多負責任，而是他認為不管發生什麼事，都是有辦法解決的。

阿塔卡馬

姜戈在印度自彈自唱
的樣貌。

　　我們在印度時，他總是抱著一把吉他，吆喝大家
一起：「晚餐後，我們一起到恆河邊去，彈彈吉他
聊聊天，享受恆河的平靜。」不知道為什麼，他的
邀約有一種魔力，讓人很難拒絕。十二月的芮詩凱斯
（Rishikesh）微涼，我們一大群人包裹著當地買的毯
子，來到河邊。

「有一首很棒的歌，哇！真是非常好聽的歌，不過是西語歌，我看能否翻譯成英文唱給你們聽。」然後他邊彈邊唱，英文西語交錯，特別有意思。姜戈從十五歲開始彈吉他，音樂佔據了人生的大半，他追求的並不是精湛的技術，而是音樂帶來的歡樂氣氛，老實說他的歌聲普通，但是聽他唱歌會讓人不由自主地開懷大笑，這是姜戈的魔力。

　　阿塔卡馬是智利北邊難得的綠洲城市，周圍的沙漠地區幾世紀以來沒下過半滴雨，地理學家稱此為世界上最乾的沙漠，而智利本身為世界上最長的國家，玩一趟綠洲概括了兩個世界之最，感覺很划算。方圓百里一片寂涼，小小的城區底下卻蘊含豐沛的水源，置身其中才能體會，原來這就是綠洲。民宿的熱水器使用太陽能加熱，白天水微溫，夜晚轉為冰涼，不知道為什麼，在沙漠裡洗澡有種強烈的違和感。在玻利維亞住了一陣子，突然這麼方便，還真不習慣。

　　這裡是智利數一數二的觀光景點，帶有電影中墨西哥荒漠甘泉的氣氛，品質與價格卻都是歐洲規格，抵達鎮上，找了間最便宜的旅社住下，等候姜戈的出現。稍早西恩說：「智利的住宿好像都很貴，不知道姜戈他們住哪？如果他們租一套公寓也許我們可以擠一擠就好。」我們試探性地問了幾次姜戈都沒能聽出言中之意，也就作罷。

　　智利的住宿確實貴，我們在秘魯與玻利維亞入住兩床房的花費，大約在臺幣100元到200元之間，但是在阿塔卡馬一個背包床位就要500元。

　　傍晚我在廚房裡做飯，等著姜戈傳訊息告訴我們明天在哪兒碰頭，突然聽見一個熟悉的聲音大喊：「Hello my friend!」姜戈突然出現在我面前，我簡直嚇傻了！

　　他們帶著寶寶，在荒漠裡花了九牛二虎之力才找到當初預訂的Airbnb，發現旁邊什麼都沒有，覺得不安心，於是到鎮上想説隨便找了間旅社，沒想到踏入了第一間旅社，就在櫃臺看見西恩的名字，馬上丟下妻小二話不説就衝進來找我們。

　　「命運又再度把我們牽在一起了，我們身上都帶著強大的能量，吸引著彼此，不需要約定時間或地點，自然會相遇。我想，我們是註定要當好朋友的。」姜戈説話就像一個充滿靈性的印度大師，這也是他與生俱來的幽默感。

241

老朋友相聚分外開心。

　　是啊！在阿塔卡馬有上百間旅社，偏偏他們就走進了我們住的青旅，令人覺得不可思議。

　　旅社有一個小花園，剛起床時氣候微涼，我們在花園裡曬太陽，這時姜戈拿出他的馬黛茶與大家分著喝。馬黛茶是南美洲盛行的一種飲品，杯子通常呈現圓壺狀，壺口窄小避免茶葉外露，與杯子一起的是一支鐵製的吸管，吸管底端呈橢圓扁型，上面有小洞，飲用時才不會吸到茶葉。碎茶葉取適量直接放進杯中，加熱水即可飲用，

大部分的杯子都不大，只能裝一百五十毫升，姜戈泡好後傳給右邊的西恩，大家邊聊天邊傳著杯子喝馬黛茶。第一泡通常是最濃的，第二、三泡味道較順一點，第四泡開始就沒味道了，要更換茶葉。

除了在民宿喝馬黛茶聊天以外，我們也走了些景點，延續著玻利維亞的沙漠景緻，阿塔卡馬周圍的地貌千變萬化，我們去了月亮谷、火星岩，這些都像是外太空才能看見的景緻，身為建築師的姜戈，對沙漠有種莫名的狂熱，邊開車邊跟我們介紹各個地方的地質特色。

姜戈的妻子斐拉是個溫暖的女子，如果說姜戈是位靈性的大師，那麼斐拉就是他凡間的管理員，適時地把他拉回現實，引導姜戈用適合凡間的方法去執行他的夢想。他們有一位可愛的小天使寶寶伊莎，打從見面的第一刻斐拉就放心地讓我抱著伊莎，八個月大的伊莎是個漂亮的寶寶，不吵不鬧，也很習慣偶爾有新朋友出現，我就這樣抱著她四處走走。

伊莎喜歡姜戈的吉他聲，姜戈唱歌時她會在一旁專心地聽著，「這把吉他是買給伊莎的，小小的方便攜帶，等她十來歲可以彈吉他了我就會親手交給她。」

#9

大地女神
帕查媽媽

　　多年前我愛上了一個智利人，一直夢想著要到他生長的國度看看，當我真的來到智利，才發現當幻想的薄紗被揭開，真實呈現在眼前，卻遠不如心中設想的美好。

　　智利存在著複雜的矛盾，南美洲原始的景緻套上西歐國家的社會制度，總覺得有股強烈的違和感，二者之間拉扯著，好像他們還拿不定主意要怎麼定位自己，也或者，這就是他們的定位，矛盾與複雜只是我們外人的想像。

　　沙漠中的綠洲是罕見的，就算不是騎著駱駝長途跋涉，也應該是開著吉普車風塵僕僕來到，我們坐在乾淨舒適的冷氣大巴，在旅社裡洗著舒服的熱水澡，房間窗明几淨，餐廳裡吃著各式各樣的美食。一切的舒適讓我忘卻了我還身處於沙漠之中，這裡是南美洲，另一種面貌的南美洲。

自從抵達阿塔卡馬，我與西恩都感覺格格不入，除了智利的高消費讓我們吃不消以外，在拉丁美洲待了好長時間，已經習慣開發中國家的雜亂無章，突然回歸到相對開發完整的國家，這代表所有事情都得按部就班來，整個人像是被上緊了發條般感到不自在。

　　塵土飛揚的沙漠被筆直的柏油路硬生生切開，是為了人類的交通方便。馬路旁的告示牌標明了東南西北，景點規劃完善，門口的大字清楚標示景點名稱，是為了觀光的便利。但是，我總感覺沙漠就該維持它原有的樣貌，未經雕琢才是天然。

智利阿塔卡馬的街道。

智利阿塔卡馬的街道，
沙漠的荒涼景致卻是西
歐國家的消費水平，有
種強烈的違和感。

所謂發展，就是用人類的標準打造適合人
類居住、移動、觀賞、遊玩環境的過程，南美
洲的發展停滯，有時候出於無奈，有時候卻是
刻意的。西方文化以個人為主，講求的是人定
勝天，只要努力就能戰勝自然（Fight against
nature）；東方文化宣揚的是天人合一，沒想
到距離東洋最遙遠的拉丁美洲，有著與我們相
同的精神，他們講求**與大自然共存（Live with
Nature）**。

　　印加神話裡有一個很重要的角色「帕查媽媽」，是掌管宇宙萬物的女神，又稱為大地、宇宙之母，也是大自然的代稱，信仰者主要分布在安地斯山脈。這個女神就好比我們土地公的概念，只是土地公的地域性較小，而帕查媽媽管轄範圍是整個世界。在西班牙殖民時期，帶來了天主教，並且把帕查媽媽醜化為一個貪婪殘忍的女神，經過多世代的融合，天主教與帕查媽媽也融合了，許多人週日的祭拜儀式結合了兩者的元素。

　　傳說中2012年的世界末日，世界並沒有毀滅，但是靈魂中心從原本的西藏轉移到了南美洲的安第斯山脈。到底轉移了沒有我不知道，但身處在拉丁美洲，聽聞著傳奇故事，似乎就能感受到她的靈性。

Epilogue
尋找自由，從心開始

你若離去，她揮手遠目；你若歸來，她夾道歡迎。

　　智利短暫的相聚後，我們再次分別。姜戈一家子回到阿根廷，繼續過著朝九晚五的生活，西恩的班機在幾天後，到亞馬遜雨林抓完大蟒蛇，也要回到澳洲去。看著他們都回到自己的地方，我呢？我該何去何從？

　　到哥倫比亞海邊找個工作？到厄瓜多打工換宿？回去瓜地馬拉學蓋房子？路有很多條，我可以選擇繼續漂泊，但是我到底為何而來，為何漂泊？我終其一生都在找尋生命的意義，追求極致的自由，在那一瞬間我突然感覺「足夠了」，這是人生中第一次有意識地停止追尋無邊際的旅程。

唯有自我放逐，才能找回遺失的自己。

　　曾經我嚮往著嬉皮的人生，總以為流浪就是我最終的歸途，過去十年我數度往外跑，每一次都是花光積蓄才被迫回家，為了讓自己下一趟能走得更遠，我也不斷地積累了許多能量。

這一次我帶了足夠的積蓄，準備此生成為遊牧民族。來到拉丁美洲，受到熱情的款待，人們友善且親切，溫暖的程度恰好讓我想起遠方的家。

遠方不只有詩，還有夢想。

而夢想的背後，就像是童話書裡的「金色窗戶」。我汲汲營營地追求信以為真的夢想，走了好遠好遠的路，翻山越嶺、跋山涉水，到達了彼端回頭一望，原來金色的窗戶是我數度拋下的那個家。

「想家，就回家吧！」我告訴自己。

我毫不猶豫地拿起手機，預訂了幾天後飛往歐洲的航班，短暫停留後回到臺灣。

生命彷彿對我開了一個大玩笑，繞地球一大圈後，急轉彎回到了原點。但是，我從不後悔當初離家的決定，因為我知道，如果沒有出發就不會回家。

十四個月的旅程，不長不短，是我在那個當下迫切需要的一場生命歷程。拉丁美洲的兼容並蓄吻合每一位流浪者的需求，她撫慰人心，像是一位慈祥的祖母，在她面前，你可以表達最真實的自我，因為在這裡沒有批判，也無需考量別人的眼光。

人生追求的無非是被接受、被了解、被喜愛，一路走來卻發現竟這麼難得到。然而，在遙遠的拉丁美洲一切都如此理所當然，每一個獨立的個體都被捧在手心好好對待，過去都被原諒、被釋放了，而未來等待著你去開創。

　　置身其中我常常感覺，這是一個天堂般美好的地方，在這裡身心靈都被解放了。但我也反問自己：既然如此，為什麼還要離開？身處天堂還有什麼好不滿足的？

　　我已經得到我想要的自由，只是我還貪婪地追求不同面向的夢想實踐，而這個實踐，要從我生長的地方開始著手。才明白，我所追求的自由，不是浪跡天涯，而是發掘潛在的自己，進而自我實現。

　　2017年，我輾轉回到臺灣，開始到全臺各地青旅、書屋、咖啡店、各大專院校分享旅行的力量。2019年與友人成立「何時旅遊輕裝上陣半自助深

度旅遊」，帶著團員用背包旅行的精神體驗各國文化，並成功開了拉丁美洲系列團。

　　拉丁美洲教會我打破規則、放下執念，流浪可以是一輩子，也可以一陣子。而我知道當我再次回來，一樣會被接納。

　　沒有人問你為何而來，因為到訪不需要理由。沒有人問你何時離開，他們只問：你什麼時候再回來？

　　我最後一次造訪瓜地馬拉，離開前遇見樂團的Chewy，我告訴他我要回台灣了，他給了我一個超大擁抱，說：「Es tu casa, puedes volver en cualquier momento.」（這裡是妳家，歡迎妳隨時回來！）

嬉皮 薩滿 遊牧人生 放逐拉丁美洲420天

作者	伊娃
繪者	林家棟
社長	林宜澐
總編輯	廖志墭
編輯	楊先妤
美術設計	葉霸子
出版	蔚藍文化出版股份有限公司
地址	110058臺北市信義區基隆路一段167號5樓之1
電話	02-22431897
臉書	https://www.facebook.com/AZUREPUBLISH/
讀者服務信箱	azurebks@gmail.com
總經銷	大和書報圖書股份有限公司
地址	248020新北市新莊市五工五路2號
電話	02-8990-2588
法律顧問	眾律國際法律事務所
著作權律師	范國華律師
電話	02-2759-5585
網站	www.zoomlaw.net
印刷	世和印製企業有限公司
ISBN	978-986-5504-66-3
定價	新臺幣 420 元
初版一刷	2022年3月

版權所有・翻印必究
本書若有缺頁、破損、裝訂錯誤,請寄回更換。